AIED, 인공지능 활용 교육

AI문고

인공지능 시대입니다. 기계가 인간의 인지를 대신하고, 사물이 인간을 통하지 않고 다른 사물과 직접 커뮤니케이션합니다. 이에 따른 인간 삶과 문명 변화를 정확히 이해·예측·대응하는 것은 이 시대 우리 모두의 과제입니다. AI문고는 인공지능 기술과 환경의 여러 주제를 10가지 키워드로 정리합니다. 관련 개념과 이론, 학계와 산업계의 쟁점, 우리 일상의 변화를 다룹니다. 인간과 기술의 현재, 미래를 세심히 분석합니다.

일러두기

- 인명, 작품명, 저서명, 개념어 등은 한글과 함께 괄호 안에 해당 국가의 원어를 병기했습니다.
- 외래어 표기는 현행 어문규정의 외래어표기법을 따랐습니다.

처음이세요?

전문가세요?

AIED, 인공지능 활용 교육

김민지

대한민국, 서울, 커뮤니케이션북스, 2025

AIED, 인공지능 활용 교육

지은이 김민지
펴낸이 박영률

초판 1쇄 펴낸날 2025년 12월 12일

커뮤니케이션북스(주)
출판 등록 2007년 8월 17일 제313-2007-000166호
02880 서울시 성북구 성북로 5-11
전화(02) 7474 001, 팩스(02) 736 5047
commbooks@commbooks.com
www.commbooks.com

ISBN 979-11-430-1603-4 03500

책값은 뒤표지에 표시되어 있습니다.

차례

인공지능 시대의 교육

인공지능과 교육의 만남

4차 산업혁명 시대가 도래하면서 모든 분야에서 인공지능이 도입되기 시작하였다. 교육학에서도 인공지능을 활용하여 효과적인 교수 학습을 위한 노력들이 계속되고 있다. 처음 교육 분야에서 인공지능이 활용되기 시작하였을 때, 그 양상은 오늘날처럼 첨단적이지 않았다. 1970~1980년대의 초기 시도는 컴퓨터 보조 수업(Computer Assisted Instruction, CAI)의 형태로 나타났다. 이는 학습자에게 간단한 문제를 출제하고 정답 여부를 판별하는 수준이었으나, 반복 학습을 지원하는 데에는 유용하게 활용되었다. 이후 1990년대에는 지능형 튜터링 시스템(Intelligent Tutoring System, ITS) 연구가 본격화되면서, 학습자의 반응과 오류 패턴을 분석하여 개별화된 피드백을 제공하는 방향으로 발전하였다(Nwana, 1990). 지능형 튜터링 시스템은 수학 · 과학 · 언어 교육 등 특정 교과에서 개별 학습을 지원하는 도구로 자리 잡았고, 오늘날에는 상용화된 시스템으로 이어지고 있다.

2000년대에 들어서자, 인터넷과 온라인 학습 환경이 확산되었고 인공지능은 학습 분석(Learning Analytics)과 결합하였다. 학습자가 온라인 학습 플랫폼에 남긴 행동 데이터를 추적 · 분석하여 학습 진행 상황, 참여도, 성취도 등을 시각화하는 대시보드가 등장한 것이다. 교수자는 이를 통해 학습자의 강점과 약점을 빠르게 파악할 수 있었고, 학습자 역시 자신의 학습 과정을 되돌아보며 자기 주도적인 학습 능력을 기를 수 있게 되었다. 이러한 학습 분석 기술은 교육 빅데이터 시대의 초석을 마련했고, 이후 개인화 학습(Personalized Learning)의 핵심 기반이 되었다.

2010년대 이후 전 세계적으로 확산된 대규모 공개 온라인 강좌(Massive Open Online Course, MOOC) 역시 인공지능의 적극적인 활용 사례다. 수십만 명이 동시에 참여하는 대규모 온라인 강좌에서 인공지능은 학습자에게 적절한 과제를 추천하고, 게시판의 글을 분류하여 보여주는 등 기존 소규모 강좌에 적극적으로 참여하기 어려웠던 학습자의 부담을 줄여주었다. 예컨대 미국의 '코세라(Coursera)', '에덱스(edX)', 한국형 '케이무크(K-MOOC)' 등은 인공지능 기반 자동 채점과 추천 알고리즘을 통해 학습 효율을 높이고자 했다.

최근에는 생성형 인공지능(Generative AI)의 부상으로 교육의 지형이 또 한 번 크게 바뀌고 있다. '챗지피티(ChatGPT)', '클로드(Claude)', '제미나이(Gemini)'와 같은 대화형 인공지능은 단순히 질문에 답하는 수준을 넘어, 글쓰기 지도, 코딩 튜터, 창의적 아이디어 발산의 동반자로 자리 잡고 있다. 학습자는 인공지능과 대화하며 문제 해결 전략을 탐색할 수 있고, 교수자는 인공지능을 활용해 수업 자료를 제작하거나 학습 피드백을 제공할 수 있다. 이 과정에서 인공지능은 더 이상 보조적 기능에 머물지 않고, 교육 설계와 실행 전반에 영향을 주는 존재로 확장된다(U.S. Department of Education, 2023).

이렇듯 인공지능과 교육의 만남은 단순한 기술적 사건이 아니라, 교육의 본질을 재고하게 만드는 계기가 된다. 전통적인 교실에서는 교수자가 일방향적으로 지식을 전달하고 학습자는 이를 수동적으로 습득하는 강의식 수업 구조가 지배적이었다. 그러나 인공지능이 결합한 학습 환경에서는 학습자가 능동적으로 학습 경로를 탐색하고, 교수자는 데이터에 기반하여 학습을 설계·조정하는 역할을 담당하게 된다. 이는 곧 교수자 중심에서 학습자 중심으로, 획일적 수업에서 맞춤형 수업으로,

평가 중심에서 피드백 중심으로의 전환을 의미한다. 또한 인공지능은 교육 기회를 확장할 수 있게 한다. 과거에는 교수자와 교재가 부족해 충분한 교육을 받지 못했던 지역이나 집단에도, 온라인 기반의 인공지능 학습 도구가 제공되면서 새로운 가능성이 열리고 있다. AI 챗봇을 통한 언어 학습, 지능형 튜터링 시스템 기반의 수학 개별 학습, 가상현실(Virtual Reality, VR)을 통한 과학 실험 등은 지리적 · 경제적 제약을 넘어 교육 접근성을 넓히고 있다.

물론 인공지능이 교육 현장에 들어온다고 해서 모든 문제가 해결되는 것은 아니다. 인공지능의 권고를 비판 없이 따르거나, 학습자가 기술에 지나치게 의존할 때 오히려 학습 역량이 약화될 수 있다. 또한 데이터 편향, 개인정보 보호, 디지털 격차와 같은 사회적 문제가 해결되지 않는다면 인공지능 활용 교육은 또 다른 불평등을 낳을 수 있다. 따라서 인공지능과 교육의 만남은 기술 낙관주의적 환상에 머물러서는 안 되며, 교육적 맥락 속에서 신중하고 비판적으로 접근해야 한다.

그럼에도 불구하고 분명한 사실은, 인공지능이 이미 교육의 새로운 표준으로 자리 잡고 있다는 점이다. 교수자는 AI 없는 교육 환경을 상상하기 어려운 시대를 맞이하고 있으며, 학습자는 인공지능을 학습 동반자로 삼아 성장하고 있다. 이러한 맥락에서 인공지능과 교육의 만남은 단순한 기술 접목이 아니라, 미래 교육의 토대를 새롭게 설계하는 근본적 전환점으로 이해되어야 한다.

교육 패러다임의 변화

인공지능이 교육에 본격적으로 도입되면서 가장 먼저 논의되는 주제는 교육 패러다임의 변화다. 전통적인 교실에서는 교수자의 설명과 교재 중심의 학습, 그리고 시험을 통한 성취도 측정이 주된 방식으로 채택됐다. 그러나 인공지능의 확산은 이러한 고정된 틀을 점차 흔들고 있으며, 교수자와 학습자 모두에게 새로운 역할과 책무를 요구하고 있다. 이러한 변화는 단순히 수업 방식의 개선을 넘어 교육의 본질을 재구성하는 차원에서 이해될 필요가 있다.

우선 교수자의 역할 변화가 두드러진다. 인공지능 도구는 이미 지식 전달의 상당 부분을 대신하고 있다. 수학 문제 풀이를 제공하는 AI 챗봇이나 자동 채점 시스템, 외국어 학습을 지원하는 대화형 인공지능은 반복적이고 규칙적인 학습을 효율적으로 수행할 수 있다. 교수자는 이제 단순히 정답을 알려주거나 설명하는 사람에 머물지 않는다. 대신 학습자가 어떤 과정을 통해 사고하는지, 어떤 지점에서 어려움을 겪는지를 분석하고 이를 바탕으로 학습 경험을 설계하는 역할을 맡는다. 즉, 교수자는 학습의 설계자이자, 학습 과정을 안내하는 조력자로서 기능하게 되는 것이다. 이러한 역할 전환은 교수자에게 새로운 전문성을 요구한다. 교수자가 갖춰야 하는 역량이 단순히 교과 지식에 머무르지 않고, 인공지능이 제공하는 데이터를 해석하며 개별 학습자에게 최적화된 지원을 제공할 수 있는 데이터 리터러시와 교육 공학적 감각이 필수적이게 되었다는 의미다(Ng et al., 2023).

이와 동시에 학습자 또한 더 이상 지식을 수동적으로 수용하는 존재가 아니게 되었다. 인공지능 기반 학습 환경에서는 학습자가 주체적으로 학습 경로를 탐색하고, 자신의 필요와 수준에 맞는 콘텐츠를 선택하며, 실시간으로 제공되는 피드백을 활용하여 학습을 심화한다. 예를 들어, 지능형 튜터링 시스템은 학습자가 문제 풀이 과정에서 범하는 오류를 즉시 분석하여 맞춤형 힌트를 제시한다. 학습 분석 대시보드는 학습자의 참여도와 성취도를 시각화하여 학습자가 스스로 학습 상태를 점검하고 부족한 부분을 보완하도록 돕는다. 이런 시스템은 학습자를 수업의 수동적 수용자에서 능동적 탐구자로 바꾸는 계기를 마련한다. 나아가 자기 주도 학습, 메타 인지적 조절 능력, 협력적 문제 해결력과 같은 고차원적 역량이 강조되는 방향으로 학습자의 역할이 확대된다.

평가 방식의 변화도 중요한 패러다임 전환 중 하나다. 인공지능은 학습 전 과정을 추적하면서 학습자에게 즉각적인 피드백을 제공할 수 있다. 자동 서술형 채점 시스템은 학습자가 제출한 글을 문법, 어휘, 논리적 구조 측면에서 분석하여 실시간으로 개선 방향을 제시한다. 이는 평가를 결과 중심의 확인 절차에서 학습 과정 자체를 심화시키는 도구로 전환하는 것이다. 이러한 변화는 교수자에게도 유익하다. 수십 명의 학습자 과제를 일일이 채점하기 어려웠던 교수자는 인공지능의 분석 자료를 통해 학습 결손을 빠르게 파악하고, 필요한 경우 개별 피드백과 맞춤형 지도를 제공할 수 있다.

학습 경험의 공간적 확장 또한 눈여겨볼 변화다. 과거에는 교실이라는 물리적 공간 안에서만 학습이 가능했지만, 오늘날의 학습자는 가상현실 실험실에서 과학 실험을 시행하거나, 메타버스 공간에서 아바타를 통해 협력 학습을 경험할 수 있다. 이러한 몰입형 학습 경험은 학습자의 동기를 자극하고, 교실에서 구현하기 어려운 실제적 경험을 가능하게 한다. 동시에 교수자의 수업 설계는 오프라인 교실과 온라인 가상공간을 넘나드는 혼합형 형태로 발전하고 있다. 교육의 무대가 더 이상 칠판과 교실 책상에 국한되지 않고, 다양한 디지털 플랫폼과 결합하여 확장되고 있다.

이러한 전환은 교육 불평등의 문제와도 맞물려 있다. 인공지능은 교육 기회를 넓히는 잠재력을 지니고 있다. 경제적 · 지리적 제약으로 인해 양질의 교육을 받지 못했던 학습자도 온라인 기반의 인공지능 학습 도구를 통해 새로운 학습 기회를 얻게 된다(Lin et al., 2023). 예컨대 교수자의 직접 지원을 받기 어려운 위치에 있는 학습자가 인공지능 튜터를 통해 수학과 영어 학습을 지원받거나, 학교 밖 청소년들이 메타버스를 통한 학습 공동체에 참가하는 사례가 있을 수 있다.

인공지능은 교수자와 학습자 모두에게 새로운 역할을 요구하며 교육 패러다임을 근본적으로 전환하고 있다. 교수자는 지식 전달자를 넘어 학습 설계자이자 데이터 해석자로, 학습자는 수동적 수용자를 넘어 자기 주도적 탐구자로 변화하고 있다. 평가와 피드백은 결과 확인에서 학습 심화로, 교실 공간은 물리적 한계를 넘어 가상과 현실을 잇는 확장된 장으로 전환되고 있다. 물론 이러한 변화에는 불평등과 윤리적 문제라는 새로운 도전이 뒤따

른다. 그럼에도 인공지능은 교육의 미래를 새롭게 설계하는 핵심 매개체로 자리매김하고 있으며, 이를 통해 교육은 더 이상 과거의 틀에 머무르지 않고 학습자 중심·데이터 기반·미래 지향적 형태로 재구성되고 있다.

AI 기반 도구와 활용 확산

인공지능 기술이 발전하면서 교육 현장에서는 다양한 형태의 도구들이 빠르게 확산되고 있다. 초기에는 단순히 컴퓨터를 보조 교재로 활용하거나 자동 채점을 지원하는 수준에 머물렀지만, 최근에는 지능형 튜터링 시스템, 학습관리시스템, AI 챗봇, 확장현실, 메타버스, 자동 서술형 채점, 생성형 AI 제작 도구 등 그 종류가 크게 확대되었다. 이들 도구는 학습자의 학습 과정 전반을 지원할 뿐 아니라, 교수자의 수업 설계와 실행, 나아가 평가와 피드백의 방식까지 포괄적으로 바꾸고 있다(Garzón, et al., 2025).

대표적인 사례 중 하나는 지능형 튜터링 시스템이다. 지능형 튜터링 시스템은 학습자가 문제를 해결하는 과정을 실시간으로 분석하고, 그 결과를 바탕으로 적절한 힌트를 제공한다. 이러한 시스템은 교수자가 모든 학습자를 동시에 세밀하게 지도하기 어려운 현실에서 큰 도움을 준다. 교수자는 지능형 튜터링 시스템이 제공하는 데이터에 기반해 학습자의 성취 수준을 파악하고, 필요한 경우 개별 피드백을 보완할 수 있다.

이와 함께 학습관리시스템(Learning Management System, LMS)도 인공지능과 결합하면서 새로운 차원으로 발전하고 있다. 단순히 학습 자료를 게시하고 과제를 제출하는 기능을 넘어, 학습자의 활동 데이터를 분석하여 학습 진단과 상담을 지원하는 방향으로 진화한 것이다. 예컨대 '이-어드바이저(e-Advisor)'와 같은 시스템은 학습자의 진도, 학습 시간, 과제 성취율 등을 분석하여 학습자 맞춤형 조언을 제공한다. 이로써 학습자는 스스로 학습 계획을 세우고 조정할 수 있으며, 교수자는 학습자의 성취 패턴을 실시간으로 모니터링하며 학습을 설계할 수 있다.

AI 챗봇 역시 빠르게 확산되고 있다. AI 챗봇은 사람과 대화하듯 학습자와 상호작용을 하면서 학습을 지원한다. 언어 학습 플랫폼은 학습자의 수준에 맞추어 대화 시나리오를 제시하고, 실시간 대화형 학습을 통해 학습자의 발화 연습을 돕는다. 이는 학습자에게 친숙한 인터페이스를 제공하고, 반복 연습이나 개별화된 피드백을 즉각적으로 제공한다는 점에서 교육적 장점이 크다. 다만 잘못된 정보 제공이나 맥락 부족, 감정적 상호작용의 한계는 여전히 해결 과제로 남아 있다(Labadze et al., 2023).

또한 확장현실(Extended Reality, XR)과 메타버스 환경도 교육에 적극적으로 도입되고 있다. 가상현실 실험실을 통해 학습자는 실제 실험실에 가지 않고도 화학 실험이나 과학 탐구 활동을 수행할 수 있다. 다양한 메타버스 플랫폼은 학습자가 가상의 공간에서 협력 학습을 수행하거나 프로젝트 기반 학습을 진행할 수 있는 환경을 제공한다. 이는 학습자의 몰입을 높이고, 물리적 한계를 넘어 새로운 학습 경험을 창출하는 데 이바지한다.

평가 영역에서도 인공지능은 빠르게 확산되고 있다. 자동 서술형 채점 시스템(Automatic Writing Evaluation, AWE)은 학습자가 제출한 글을 분석하여 문법적 오류와 논리적 전개, 어휘 수준 등을 점검하고 즉각적인 피드백을 제공한다. 자동 서술형 채점 시스템은 교수자의 평가 부담을 줄이는 동시에, 학습자가 학습 과정에서 지속적으로 자신의 글쓰기를 개선할 수 있도록 돕는다. 평가가 학습을 심화하는 과정으로 전환되는 것이다.

마지막으로 생성형 AI 제작 도구의 확산도 마찬가지로 교육 현장의 창작 활동을 혁신적으로 변화시키고 있다. 이러한 도구는 단순한 지식 학습을 넘어 창의적 문제 해결과 메이커 교육으로 확장되는 계기를 제공한다. 실제 연구에서도 인공지능 도구를 활용한 메이커 수업이 학습자의 컴퓨팅 사고력과 창의성을 동시에 향상시킨 것으로 보고되고 있다(Wang, 2025).

이처럼 다양한 인공지능 기반 도구의 확산은 교육 현장을 근본적으로 바꾸고 있다. 학습은 개별화되고, 피드백은 실시간으로 이루어지며, 교실의 경계는 가상공간까지 확장된다. 교수자는 이러한 도구를 효과적으로 설계하고 통합하는 역량이 필요하고, 학습자는 능동적으로 도구를 활용하여 학습을 심화한다. 물론 모든 도구가 완벽한 것은 아니며, 정보의 신뢰성, 데이터 보호, 교육 불평등과 같은 과제는 여전히 존재한다. 그러나 분명한 사실은 인공지능 기반 도구가 더 이상 보조적 수단이 아니라, 미래 교육의 핵심 구성 요소로 자리 잡고 있다는 점이다. 교육의 패러다임은 도구와 함께 변화하며, 이러한 확산은 교육 혁신의 불가피한 과정으로 이해될 수 있다.

남겨진 과제와 윤리적 고민

인공지능은 교육을 혁신할 수 있는 강력한 잠재력을 지니고 있지만, 그 과정에서 반드시 짚고 넘어가야 할 과제와 윤리적 문제가 존재한다. 교육은 단순히 효율성과 성과만을 추구하는 영역이 아니라, 인간의 성장을 지원하고 공동체적 가치를 구현하는 영역이기 때문이다. 인공지능 도입이 비판 없이 이루어질 경우, 교육은 오히려 왜곡되거나 불평등이 심화될 수 있으며, 학습자의 학습에 대한 권리와 교수자의 전문성이 위협받을 수 있다. 따라서 인공지능 기반 교육을 논의할 때는 긍정적 효과뿐 아니라 잠재적 위험과 윤리적 문제를 동시에 고려해야 한다.

가장 먼저 제기되는 문제는 개인정보 보호와 데이터 안전성이다. 인공지능 기반 학습 시스템은 학습자의 활동, 성취, 심지어 감정 상태까지 방대한 자료를 수집한다. 이러한 데이터는 맞춤형 피드백을 제공하고 학습 과정을 최적화하는 데 큰 역할을 하지만, 동시에 학습자의 민감한 정보가 외부에 노출될 위험을 내포한다. 데이터가 상업적으로 활용되거나 해킹에 노출될 경우, 학습자의 권리는 심각하게 침해될 수 있다. 특히 미성년자를 대상으로 하는 교육에서는 데이터 보호가 더욱 엄격히 관리되어야 한다. 교육 현장에서 인공지능을 도입할 때 「개인정보 보호법」과 국제적 윤리 기준을 준수하는 것은 필수적이다.

또 다른 문제는 데이터 편향과 공정성이다. 인공지능은 훈련된 데이터에 기반하여 작동하기 때문에, 데이터가 특정 집단의 경험이나 가치에 치우쳐 있다면 결과 또한 편향될 수밖에 없다. 예를 들어 자동 채점 시스템이 특정 언어적 표현이나 글쓰기 방식에 유리하게 설계된다면, 다양한 배경을 가진 학습자의 역량을 공정하게 평가하지 못한다. 이는 곧 학습자의 기회를 제한하고 교육적 불평등을 심화시킬 수 있다. 따라서 교육용 인공지능 시스템은 자료 수집과 모델 훈련 과정에서 편향을 최소화하려는 노력이 병행되어야 하며, 결과 해석에서도 인간 교수자의 비판적 검토가 필요하다.

교수자의 전문성 약화 또한 중요한 윤리적 쟁점이다. 일부에서는 인공지능이 교수자의 역할을 상당 부분 대체할 수 있다는 기대가 제기되지만, 이는 교육의 본질을 오해한 시각일 수 있다. 교육은 단순히 지식을 전달하는 행위가 아니라, 학습자의 정서적 발달과 사회적 성장을 지원하는 복합적 과정이다. 인공지능이 제공하는 피드백은 효율적일 수 있으나, 학습자와 교수자 사이의 관계적 상호작용을 대신할 수는 없다. 만약 학교 현장이 인공지능 의존적으로 변한다면, 교수자는 교육의 핵심 주체로서의 위상을 잃고 단순한 관리자로 전락할 위험이 있다. 따라서 인공지능은 교수자의 역할을 대체하는 것이 아니라 강화하는 방향으로 설계되고 운영되어야 한다. 교수자가 인공지능 도구를 활용해 학습자의 학습을 더욱 세밀하게 지원할 수 있도록 전문성 개발과 연수가 병행되어야 한다.

학습자의 자율성과 비판적 사고의 위축 문제도 무시할 수 없다. 인공지능은 학습자에게 즉각적인 답변과 해결책을 제공하기 때문에, 학습자가 스스로 탐구하고 고민하는 과정을 단축할 수 있다. 이는 학습 효율성을 높이는 장점이 있지만, 동시에 학습자가 문제 해결 능력과 창의적 사고를 기를 기회를 잃게 할 수 있다. 특히 생성형 인공지능이 작성해 주는 글이나 풀이를 그대로 수용할 경우, 학습자는 결과를 이해하지 못한 채 피상적인 지식을 축적하게 된다. 교육 현장에서 인공지능을 활용할 때는 학습자의 사고 과정을 촉진하고 비판적 성찰을 유도하는 방향으로 운영 전략이 마련되어야 한다.

디지털 격차와 같은 사회적 문제는 일면에서는 다소 해소되는 듯한 양상을 보이지만, 일면에서는 여전히 심각한 수준에 머무르고 있다. 첨단 기기와 안정적인 인터넷 환경에 접근할 수 있는 학습자와 그렇지 못한 학습자 간의 격차는 인공지능 활용 교육에서도 반복된다. 충분한 자원과 환경이 마련되지 않은 상태에서 인공지능 교육을 도입하면, 오히려 학습 불평등이 심화될 수 있다. 따라서 국가와 지역 사회 차원에서 인프라를 구축하고, 모든 학습자가 동등하게 교육 혜택을 누릴 수 있도록 정책적 지원이 뒤따라야 한다.

결국 남겨진 과제와 윤리적 고민은 인공지능 자체의 문제가 아니라, 그것을 어떻게 설계하고 활용하느냐의 문제와 밀접하게 연결되어 있다. 교육 현장에 인공지능을 도입할 때는 기술적 성과를 맹목적으로 추종하기보다, 교육 철학과 윤리적 기준에 기반하여 신중히 적용해야 한다. 학습자의 학습에 대한 권리 보호, 교수자의 전문성 강화, 데이터의 공정성과 안전성 확보는 인공지능 교육 시대에 반드시 지켜져야 할 원칙이다. 인공지능은 교육을 지원하는 강력한 도구이지만, 그 방향성을 잘못 설정한다면 교육의 본질을 훼손할 수도 있다. 따라서 우리는 기술 낙관주의와 기술 비관주의를 모두 경계하면서, 교육의 본질을 지키는 가운데 인공지능을 올바르게 활용하는 길을 모색해야 한다.

참고문헌

Garzón, J. et al.(2025). Systematic review of artificial intelligence in education: Trends, benefits, and challenges. *Multimodal Technologies and Interaction, 9*(8), 84.

Labadze, L. et al.(2023). Role of AI chatbots in education: Systematic literature review. I*nternational Journal of Educational Technology in Higher Education, 20*(1), 56.

Lin, C. C. et al.(2023). Artificial intelligence in intelligent tutoring systems toward sustainable education: A systematic review. *Smart Learning Environments, 10*, 41. https://doi.org/10.1186/s40561-023-00260-y

Ng, D. T. K. et al.(2023). Teachers' AI digital competencies and twenty-first century skills in the post-pandemic world. *Educational Technology Research and Development, 71*, pp.137~161. https://doi.org/10.1007/s11423-023-10203-6

Nwana, H. S.(1990). Intelligent tutoring systems: An overview. *Artificial Intelligence Review, 4*(4), pp.251~277.

Turing, A. M.(2007). Computing machinery and intelligence. In Epstein, R. et al.(eds.). *Parsing the Turing test: Philosophical and methodological issues in the quest for the thinking computer*, pp.23~65. Springer Netherlands.

U.S. Department of Education(2023). Artificial intelligence and the future of teaching and learning: Insights and recommendations. https://www.ed.gov/sites/ed/files/documents/ai-report/ai-report.pdf

Wang, N. C.(2025). Scaffolding creativity: Integrating generative AI tools and real-world experiences in business education. *Proceedings of the Extended Abstracts of the CHI Conference on Human Factors in Computing Systems*, pp.1~9.

01
AIED

인공지능 활용 교육(AI in Education, AIED)은 단순히 지식을 빠르게 전달하는 보조 수단을 넘어 학습자의 행동과 성취를 분석해 맞춤형 학습 경로와 실시간 피드백을 제공하는 새로운 교육 패러다임이다. 이 장에서는 인공지능 활용 교육이 등장하게 된 배경과 기본 개념을 살펴보고, 전통적인 교실 수업과 대비되는 특징, 그리고 교육 현장 전반에 제기하는 기회와 도전을 개관한다.

기후 위기와 인공지능?

AIED의 개념과 등장 배경

인공지능 활용 교육(AI in Education, AIED)은 인공지능 기술을 교수·학습 전반에 적용하여 학습 효과를 높이고 학습 경험을 새롭게 설계하려는 교육적 접근을 뜻한다(Zawacki-Richter et al., 2019). 이는 단순히 교수자의 반복적 업무를 덜어 주는 보조 도구 차원을 넘어, 학습자의 개별적 성취를 진단하고 그에 맞춘 학습 경로를 제시하며 교수자가 수업을 설계하고 조율하는 방식 자체를 바꾸는 포괄적 개념으로 활용된다. 다시 말해 인공지능 활용 교육은 인공지능을 매개로 학습자·교수자·교육 환경 전체가 새롭게 재편되는 과정을 의미한다.

인공지능 활용 교육은 인공지능 교육(AI Education)과 혼동되기도 한다. 인공지능 교육은 인공지능에 대하여 이해하는 것을 목표로 한다. 따라서 인공지능 교육은 주로 인공지능에 관한 지식을 다룬다. 반면에, 인공지능 활용 교육은 교육이 효과적으로 이루어지기 위해 인공지능을 활용하는 것에 목적이 있다. 인공지능 활용 교육에서도 인공지능에 대해 다루지만, 인공지능을 교육적으로 활용하기 위해 요구되는 기초 지식을 위한 학습이라는 점에서 인공지능 교육과 차별점이 있다.

인공지능 활용 교육은 4차 산업혁명 시대가 도래하면

서 함께 등장하였다. 인공지능 활용 교육의 시작은 컴퓨터 기술과 교육학의 접목에서 비롯되었다. 초기 형태의 인공지능 활용 교육인 1960~1970년대의 컴퓨터 보조 수업에 이어 1980~1990년대에는 지능형 튜터링 시스템(Intelligent Tutoring System, ITS) 연구가 본격화되었다. 지능형 튜터링 시스템은 학습자의 반응과 오류 패턴을 분석해 개별화된 피드백을 제공하려는 시도로, 학습 과정에서 교수자의 직접 개입을 보완하는 모델이었다. 이 시기를 기점으로 인공지능은 단순한 자동화 기술을 넘어 학습자의 인지 과정을 추적·지원하는 도구로 발전하기 시작했다(Alkhatlan & Kalita, 2018).

2000년대 이후 인공지능 활용 교육은 빅데이터와 기계 학습 알고리즘의 비약적 발전을 발판으로 한 단계 더 도약했다. 온라인 학습 플랫폼이 활성화되면서 학습자가 남긴 다양한 데이터–문제 풀이 시간, 오답 유형, 학습 경로 등–가 축적되었고, 이를 기반으로 학습 분석과 적응형 학습이 가능해졌다. 학습 대시보드, 자동 피드백 시스템, 맞춤형 콘텐츠 추천 알고리즘은 이러한 배경에서 등장한 대표적 결과물이다.

동시에 사회적·교육적 요구도 인공지능 활용 교육의 등장을 촉진했다. 21세기 교육 담론은 단순 지식 암기보다 창의성, 비판적 사고, 협력적 문제 해결을 강조하는 방향으로 이동했다. 여기에 4차 산업혁명 담론이 결합하면서, 교육은 더 이상 획일적 전달 중심으로는 대응할 수 없다는 인식이 확산되었다. 인공지능은 학습자의 수준과 흥미를 실시간으로 반영해 개인화된 학습을 제공할 수 있다는 점에서 이러한 패러다임 전환과 맞물려 주목을 받았다(Tapalova & Zhiyenbayeva, 2022).

국제적으로는 대규모 공개 온라인 강좌(Massive Open Online Course, MOOC)와 같은 플랫폼이 인공지능 활용 교육 확산을 가속했다. 수십만 명이 동시에 수강하는 강좌에서 개별화된 피드백과 채점은 인간 교수자만으로는 불가능했으며, 인공지능이 이를 보완했다. 자동 채점, 학습 경로 추천, 토론 게시판 분류 등 다양한 인공지능 기능이 도입되면서 인공지능 활용 교육은 교육의 필수 요소로 자리매김하게 되었다(Chaudhry & Kazim, 2022).

인공지능 활용 교육은 컴퓨터 보조 수업의 단순한 반복 훈련 지원에서 출발하여, 지능형 튜터링과 학습 분석을 거쳐 오늘날 맞춤형 학습과 생성형 인공지능 기반의 창의적 학습 환경으로까지 확장되었다. 이러한 흐름은 기술 발전과 교육 패러다임 변화가 동시에 작용한 결과였다. 따라서 인공지능 활용 교육의 개념과 등장 배경을 이해하는 일은 인공지능 시대 교육을 준비하는 가장 기본적인 출발점이라 할 수 있다(Holstein et al., 2020).

전통적 교육 vs AIED

전통적 교육은 오랫동안 교수자 중심, 교재 중심의 구조 속에서 이루어졌다. 교수자는 지식을 일방적으로 전달하고 학습자는 이를 받아 암기와 재생을 통해 학습 성취를 확인받는 방식이었다. 평가 또한 주로 정해진 시험을 통해 학습자 간 우열을 가르는 데 집중되었다. 이러한 구조는 일정한 지식의 획득에는 효과적이었으나, 학습자의 개별 차이를 반영하기 어렵고 창의적 문제 해결이나 협력적 학습을 끌어내는 데 한계가 있었다(Bhardwaj et al., 2025).

인공지능 활용 교육의 등장은 이러한 한계를 극복하려는 필요성과 맞물린다. 인공지능은 학습자의 학습 이력과 반응을 실시간으로 분석하여 맞춤형 학습 경로를 제시하고, 학습자가 겪는 어려움에 즉각적인 피드백을 제공할 수 있다. 전통적 교실에서 동일한 수업을 일괄적으로 제공하던 방식과 달리, 인공지능 활용 교육 환경에서는 학습자마다 다른 학습 수준과 흥미를 고려한 개별화 수업이 가능하다. 이는 단순한 지식 습득을 넘어서 학습 과정 자체를 중시하는 교육 패러다임으로의 변화를 의미한다(Ayeni et al., 2024).

또한 전통적 교육에서는 교수자가 모든 과정을 통제하고 학습자는 수동적 수용자 역할에 머무르는 경향이 강했다. 그러나 인공지능 활용 교육 환경에서는 교수자의 역할이 크게 변화한다. 지식 전달의 상당 부분은 인공지능이 대신 수행하고, 교수자는 학습자가 어떻게 사고하고 문제를 해결하는지를 관찰하며 학습 경험을 설계하는 조력자가 된다. 학습자는 단순히 교수자가 제공하는 지식을 암기하는 데서 벗어나, 인공지능이 제공하는 데이터와 피드백을 활용해 자기 주도적으로 학습을 조율하는 능동적 주체로 자리 잡는다.

평가 방식에서도 두 접근은 차이를 보인다. 전통적 교육에서는 주로 학기말 시험과 표준화된 평가를 통해 학습 결과를 확인했다. 반면 인공지능 활용 교육은 학습 과정에서 생성되는 데이터를 바탕으로 실시간 평가와 피드백을 제공한다. 자동 서술형 채점 시스템(Automatic Writing Evaluation, AWE)이나 대시보드를 통해 학습자는 학습 중간에도 자신의 이해 수준을 점검하고, 필요한 경우 즉시 수정할 수 있다. 이는 평가를 단순히 성취 확인의 도구가 아니라 학습을 심화하는 과정으로 전환하는 중요한 변화라 할 수 있다.

교실 공간의 개념도 달라진다. 전통적 교실은 정해진 시 · 공간 안에서만 학습이 이루어졌다. 하지만 인공지능 활용 교육은 온라인 플랫폼과 결합하여 시간과 장소의 제약을 줄이고, 학습 경험을 확장한다. 학습자는 언제든 인공지능을 통해 학습 자료와 피드백을 얻을 수 있으며, 이는 교실 안팎을 잇는 연속적 학습 경험을 가능하게 한다. 교수자의 수업 역시 교실 내 강의에서 벗어나, 다양한 디지털 도구와 융합된 하이브리드 형태로 발전한다.

종합하면, 전통적 교육과 인공지능 활용 교육은 교육의 주체, 학습 과정, 평가 방식, 학습 공간의 측면에서 뚜렷한 차이를 보인다. 전통적 교육이 지식 전달과 결과 평가에 치중했다면, 인공지능 활용 교육은 학습자 맞춤형 지원과 과정 중심 학습, 확장된 학습 경험을 제공한다. 이러한 대비를 이해하는 것은 인공지능 활용 교육의 필요성과 가치를 인식하는 출발점이자, 교수자와 학습자가 앞으로 어떤 방향으로 교육을 준비해야 하는지를 가늠하게 한다.

AIED의 가능성과 한계

인공지능 활용 교육은 교육 혁신의 핵심 동력으로 주목받지만, 동시에 다양한 논쟁과 과제를 안고 있다. 학습 기회의 확대, 개별화된 학습 지원, 교수자의 전문성 강화라는 긍정적 가능성을 보여주지만, 과도한 데이터 의존, 기술 편향, 윤리적 문제라는 한계를 드러낸다. 이러한 양면성을 균형 있게 이해하는 것이 인공지능 활용 교육을 올바르게 활용하는 출발점이다.

인공지능 활용 교육은 첫째, 학습 기회를 넓힌다. 온라인 학습 플랫폼과 인공지능 기반 시스템은 지리적·경제적 제약으로 교육을 받기 어려운 학습자에게 새로운 학습 기회를 제공한다. 기초 학력 보충이나 개별 진단에서도 인공지능 활용 교육은 효과적인 대안으로 평가된다. 둘째, 인공지능 활용 교육은 학습자의 성취 수준과 필요를 반영해 맞춤형 학습을 지원한다. 지능형 튜터링 시스템이나 학습 대시보드 등은 학습자의 데이터를 분석하여 즉각적인 피드백을 제공하고, 교수자는 이를 근거로 학습자별 맞춤 지도를 설계할 수 있다. 셋째, 반복적 지식 전달을 인공지능이 담당하면서 교수자는 학습 설계와 학습자 지원에 더 집중할 수 있다. 이는 교수자의 전문성을 약화시키는 것이 아니라 다른 역할로 확장하는 기회를 제공한다(St-Hilaire et al., 2022; Lin et al., 2023; Ghamrawi et al., 2024).

그러나 인공지능 활용 교육의 확산에는 분명한 한계와 위험도 존재한다. 가장 먼저 데이터에 지나치게 의존하는 문제가 발생할 수 있다. 인공지능은 학습자가 남긴 자료에 기반해 작동하기 때문에, 불완전하거나 편향된 데이터는 학습 지원을 왜곡할 수 있다. 개인정보 보호 역시 중요한 과제다. 학습자의 학습 기록, 성취 수준, 심리적 상태까지 수집되는 과정에서 정보가 유출되거나 상업적으로 이용될 위험이 있다(Mutimukwe et al., 2021). 또한 인공지능이 즉각적인 답과 해결책을 제시하는 과정에서 학습자의 탐구와 비판적 사고 기회가 줄어들 수 있으며, 기술 의존이 심화되면 창의적 문제 해결력 저하로 이어질 수 있다. 마지막으로, 인공지능 활용 교육은 교육 불평등을 완화하기도 하지만 동시에 새로운 격차를 만들 수 있다. 인공지능 활용에는 디지털 기기와 안정적인 네트워크가 필요하므로, 이에 접근하지 못하는 학습자는 오히려 더 불리한 환경에 놓일 수 있다. 적절한 사회적 · 제도적 지원이 병행되지 않는다면, 인공지능 활용 교육은 교육 기회의 확대라는 본래 목적을 달성하기 어렵다(Al-Zahrani, 2024).

인공지능 활용 교육은 개인화 학습과 교수자의 전문성 강화라는 기회를 제공하는 동시에 데이터 편향, 개인정보 문제, 학습자 자율성 약화, 불평등 심화라는 위험을 동반한다. 따라서 기술을 비판적으로 활용하고 제도적 장치를 마련하는 노력이 뒷받침되어야만 인공지능 활용 교육이 교육 혁신의 동력으로 자리매김할 수 있을 것이다.

참고문헌

Al-Zahrani, A. M.(2024). Unveiling the shadows: Beyond the hype of AI in education. *Heliyon, 10*(9), e30696. https://doi.org/10.1016/j.heliyon.2024.e30696

Alkhatlan, A. & Kalita, J.(2018). Intelligent tutoring systems: A comprehensive historical survey with recent developments. arXiv preprint arXiv:1812.09628. https://arxiv.org/abs/1812.09628

Ayeni, O. O. et al.(2024). AI in education: A review of personalized learning and educational technology. *GSC Advanced Research and Reviews, 18*(2), pp.261~271.

Bhardwaj, V. et al.(2025). Redefining learning: Student-centered strategies for academic and personal growth. *Frontiers in Education, 10*, 1518602. https://doi.org/10.3389/feduc.2025.1518602

Chaudhry, M. A. & Kazim, E.(2022). Artificial intelligence in education (AIEd): A high-level academic and industry note

2021. *AI and Ethics, 2*(1), pp.157~165.

Ghamrawi, N. et al.(2024). Exploring the impact of AI on teacher leadership: Regressing or expanding?. *Education and Information Technologies, 29*(7), pp.8415~8433.

Holstein, K. et al.(2020). A conceptual framework for human－AI hybrid adaptivity in education. In Bittencourt, I. I. et al.(eds.). *Artificial intelligence in education. AIED 2020. Lecture notes in computer science, 12164*, pp.240~254. Springer International Publishing.

Lin, C. C. et al.(2023). Artificial intelligence in intelligent tutoring systems toward sustainable education: A systematic review. *Smart Learning Environments, 10*(1), 41. https://doi.org/10.1186/s40561-023-00260-y

Mutimukwe, C. et al.(2021). Students' information privacy concerns in learning analytics: Towards a model development. arXiv preprint arXiv:2109.00068. https://arxiv.org/abs/2109.00068

St-Hilaire, F. et al.(2022). A new era: Intelligent tutoring systems will transform online learning for millions. arXiv preprint arXiv:2203.03724. https://arxiv.org/abs/2203.03724

Tapalova, O. & Zhiyenbayeva, N.(2022). Artificial intelligence in education: AIEd for personalised learning pathways. *Electronic Journal of e-Learning, 20*(5), pp.639~653.

Zawacki-Richter, O. et al.(2019). Systematic review of research on artificial intelligence applications in higher education: Where are the educators?. *International Journal of Educational Technology in Higher Education, 16*(1), pp.1~27.

02

AIED에서 교수자의 역할

인공지능 활용 교육 환경에서 교수자의 역할은 단순한 지식 전달자를 넘어 학습 경험을 설계하고 학습 활동을 지원하는 조력자로 전환된다. 지식을 제공하고 채점하는 교수 학습은 인공지능이 대신할 수 있으나, 언제 어떻게 학습 경로를 제공할지와 교수 학습 과정에서 학습을 촉진하는 역할은 여전히 교수 전문성에 달려 있다. 이 장에서는 교수자의 변화된 위치와 요구되는 새로운 역량, 그리고 교수자의 역할이 어떻게 재정의되는지를 살펴본다.

노래하는 AI 보컬?

지식 전달자에서 설계자와 촉진자로

인공지능이 교육 현장에 본격적으로 도입되면서 교수자의 정체성은 근본적인 전환을 맞이하고 있다. 전통적인 교실에서 교수자는 지식 전달의 중심이었고 학습자는 수동적 수용자에 머물렀다. 그러나 인공지능이 반복적인 설명과 채점을 수행하면서 교수자는 단순 전달자가 아닌 학습 경험을 설계하고 탐구를 지원하는 존재로 재정의되고 있다(Zhang, 2024). 교수자는 지식 전달자에서 교수 설계자와 조력자로 이동하며, AI는 이를 촉진하는 도구로 기능한다.

이러한 변화는 구성주의 학습 이론과도 연결된다. 학습자가 스스로 지식을 구성한다는 이론은 인공지능 기술과 결합해 더 강화된다. 학습자는 인공지능의 데이터와 피드백을 활용해 자기 주도적으로 학습을 조정하고, 교수자는 학습 환경을 조율하며 자원을 제공하는 조력자가 된다. 교수자는 더 이상 무대 위의 강연자가 아니라 학습을 촉진하는 안내자로 자리매김한다.

교수자가 설계자로 전환될 때 수업은 더 창의적이고 융합적인 형태를 띠게 된다. 교수자는 인공지능이 제공하는 자료를 단순히 전달하는 것이 아니라, 학습자의 흥미와 맥락에 맞게 재구성한다. 이 과정에서 교수자는 학습자의 참여를 촉진하고 탐구 중심의 학습 환경을 마련할 수 있다. 결과적으로 학습자는 지식 습득에 머무르지 않고, 문제 해결과 협력적 활동을 통해 깊이 있는 학습을 경험하게 되는 것이다. 과거 교수자가 동일한 수업을 전 학급에 일괄 제공했다면, 이제는 인공지능이 수집한 데이터에 근거해 학습자의 수준과 요구에 맞춘 차별화된 학습이 가능해졌다. 교수자는 이러한 분석을 바탕으로 학습 목표를 설계하고 필요한 자원을 배치함으로써, 수업의 효과성을 크게 높일 수 있다(Pektaş et al., 2025).

그러나 이러한 변화의 흐름 속에서 유의미하게 고려해야 하는 단점도 존재한다. 먼저, 교수자의 설계 역량에 따라 수업 효과의 차이가 크게 벌어질 수 있다는 점을 인지해야 한다. 일부 교수자는 데이터 해석과 인공지능 활용 능력이 충분치 않아, 오히려 수업이 기술 의존적이고 단편적으로 흐를 위험이 있다. 그리고 수업 설계 과정에서 교수자의 부담이 증가할 수 있다는 사실도 사전에 이해해야 한다. 인공지능이 많은 정보를 제공하더라도 이를 해석하고 수업에 반영하는 책임은 여전히 교수자에게 있기 때문이다. 따라서 교수자에게 충분한 연수와 지원이 이루어지지 않으면, 설계자로서의 전환은 교수자에게 과중한 업무로 다가올 수 있다(Wu, 2024). 마지막으로, 설계 중심 수업은 학습자에게도 부담을 줄 수 있다는 사실 또한 상당히 중요한 지점이다. 개별화 수업이 늘어나면 학습자는 자기 주도적 태도를 요구받는데, 모든 학습자가 이를 준비된 상태로 받아들이는 것은 아니다. 자기 조절 능력이 부족한 학습자는 인공지능의 제안을 따라가는 데 그치거나, 오히려 혼란을 경험할 수 있다. 따라서 교수자가 설계자로 전환될 때는 학습자의 자기 주도 역량을 함께 길러야 한다는 과제가 동반된다 (Lan & Zhou, 2025).

교수자의 역할 전환은 교육을 더 창의적이고 개별화된 방향으로 발전시키는 동시에, 새로운 부담과 위험도 안겨준다. 따라서 교수자가 설계자로 자리 잡기 위해서는 충분한 연수와 제도적 지원, 그리고 학습자의 자기 주도 역량 강화를 위한 병행 노력이 필요하다. 이 과정이 뒷받침될 때, 교수자의 정체성 변화는 교육 혁신을 뒷받침하는 긍정적 결과로 이어질 수 있을 것이다.

AIED를 위한 교수자의 리터러시

AI 시대에 효과적인 교육을 실시하기 위해서는 교수자에게 새로운 역량이 요구된다. 리터러시란 읽고 쓸 수 있는 능력을 의미하며, 교수자는 인공지능 활용 교육을 위해서 다음의 세 가지 리터러시를 갖춰야 한다.

첫째, 인공지능의 원리를 이해하고 적절히 활용하는 능력인 인공지능 리터러시다. 교수자는 인공지능의 작동 원리와 특성을 이해하고, 교육 현장에서 이를 적절히 활용할 수 있는 능력을 갖추어야 한다(Sprtling et al., 2024). 인공지능 도구의 장점과 한계를 파악하여 학습 목표에 맞게 선택하고 적용하는 것이 필요하다. 또한 인공지능이 생성한 결과물의 정확성과 타당성을 검증할 수 있는 비판적 안목이 요구된다. 교수자가 인공지능을 교육적 도구로 활용할 수 있을 때, 학습자에게도 올바른 활용 방향을 제시할 수 있다.

둘째, 데이터 해석 능력과 기술 활용 능력인 데이터 리터러시다. AI 도구의 사용으로 학습 데이터가 자동으로 축적되며, AI 기술을 통해 누적된 학습 데이터를 자동으로 분석하여 교수자에게 제공할 수 있게 되었다. 따라서 제공된 데이터를 이해하고, 이를 기반으로 적절한 교수학습 처방을 내리는 역량이 교수자에게 요구된다. 학습자의 실제 상황에 따라서 적절한 교육적 판단은 인간 교수자가 수행할 수 있는 영역이다. 따라서 데이터 리터러시와 교육학적 통찰은 인공지능 시대 교수자의 핵심 역량이다(Chan & Tsi, 2023).

셋째, 미디어 콘텐츠를 비판적으로 이해하고 윤리적으로 활용하는 능력인 미디어 리터러시다. 인공지능이 제공하는 방대한 정보를 그대로 따르는 것이 아니라 교육적 맥락에서 비판적으로 검토하고 적절히 조정하는 능력이 필요하다. 교수자는 인공지능 기술로 제공된 대량의 공개 교육 자료를 선별하여 활용할 수 있어야 한다. 또한 인공지능이 학습자에게 제공하는 콘텐츠를 매개하는 역할도 수행하여야 한다(Walter, 2024). 즉, 교수 · 학습 과정에서 학습자가 인공지능의 답변에 의존해 사고를 멈추지 않도록 안내하고, 자동 피드백을 학습 심화로 연결하는 과정이 필요하다. 교수자는 인공지능 활용의 윤리적 방향을 제시하고, 학습자가 기술을 도구로 삼아 성찰적 탐구를 이어가도록 돕는다. 이는 교수자를 학습 촉진자이자 교육적 안내자로 다시 정의하게 한다.

AI 시대 교수자의 정체성은 설계자 · 조력자 · 안내자로 확장된다. 이는 단순한 기술 변화가 아니라 교육 패러다임 전환 속에서 요구되는 필연적 흐름이다. 교수자가 이를 인식하고 전문성을 개발할 때, 인공지능은 교육의 본질을 강화하는 도구가 될 수 있다.

참고문헌

Chan, C. K. Y. & Tsi, L. H.(2023). The AI revolution in education: Will AI replace or assist teachers in higher education?. arXiv preprint arXiv:2305.01185. https://arxiv.org/abs/2305.01185

Lan, M. & Zhou, X.(2025). A qualitative systematic review on AI empowered self-regulated learning in higher education. *npj Science of Learning, 10*(1), 21. https://doi.org/10.1038/s41539-025-00319-0

Pektaş, H. M. et al.(2025). The role of educational data mining and artificial intelligence supported learning analytics on conceptual change: New approaches to differentiated instruction. *Journal of Science Education and Technology*. Advance online publication, pp.1~26. https://doi.org/10.1007/s10956-025-10214-3

Sajja, R. et al.(2025). Integrating AI and learning analytics for data-driven pedagogical decisions and personalized interventions in education. *Technology, Knowledge and Learning*. Advance online publication, pp.1~31. https://doi.org/10.1007/s10758-025-09897-9

Sperling, K. et al.(2024). In search of artificial intelligence (AI) literacy in teacher education: A scoping review. C*omputers and Education Open, 6*, 100169. https://doi.org/10.1016/j.caeo.2024.100169

Walter, Y.(2024). Embracing the future of Artificial Intelligence in the classroom: the relevance of AI literacy, prompt engineering, and critical thinking in modern education. *International Journal of Educational Technology in Higher*

Education, 21(1), 15. https://doi.org/10.1186/s41239-024-00448-3

Wu, R.(2024). The impact of artificial intelligence-assisted teaching on teachers' instructional development. *Journal of Education, Humanities and Social Sciences, 45*, pp.19~23. https://doi.org/10.54097/7821c148

Zhang, C.(2024). Artificial intelligence and the changing role of teachers: The path from knowledge transmitter to learning designer. *Proceedings of the 2024 International Conference on Financial Management, Humanities and Social Sciences (ICFMHSS 2024)*, pp.32~38. Yangtze University.

03
지능형 튜터링 시스템(ITS)

지능형 튜터링 시스템은 AI가 튜터 역할을 수행하며, 학습자의 반응과 오류 패턴을 실시간 분석하여 맞춤형 피드백을 제공하는 AI 기반 학습 도구다. 이러한 도구는 개별 학습자의 수준에 맞는 학습 경로를 제안하며 학습 효과를 높일 수 있다. 이 장에서는 지능형 튜터링 시스템의 원리와 적용 사례를 소개하고, 교수자와 학습자 모두에게 제공하는 교육적 함의를 개괄한다.

인공지능과 편향?

지능형 튜터링 시스템이란?

지능형 튜터링 시스템(Intelligent Tutoring System, ITS)은 인공지능 기술을 활용해 학습자의 학습 과정을 실시간으로 분석하고, 그 결과에 따라 개별화된 피드백과 학습 경로를 제공하는 학습 지원 도구를 말한다(Zerkouk et al., 2025). 전통적인 교실에서는 교수자가 학급 전체를 대상으로 동일한 수업을 진행하기 때문에 학습자의 개별 차이를 반영하기 어려웠다. 그러나 지능형 튜터링 시스템은 학습자의 입력과 반응을 즉시 분석하여 각기 다른 수준과 속도에 맞춘 학습을 가능하게 한다. 이러한 특징 때문에 지능형 튜터링 시스템은 '교실 속 또 다른 개인 교수자'라고 불리기도 한다.

지능형 튜터링 시스템의 구조는 일반적으로 세 가지 핵심 요소로 구성된다. 첫째, 학습자의 상태를 파악하는 '학습자 모델(student model)'이다. 이는 학습자가 어떤 개념을 이해했는지, 어떤 영역에서 오류를 반복하는지를 추적한다. 둘째, 교육 내용을 체계화한 '도메인 모델(domain model)'이다. 해당 교과 지식이 단계적으로 구성되어 있어 학습자의 수준에 따라 적절한 학습 단위를 제시할 수 있다. 셋째, 학습자와 상호작용을 하며 교수 전략을 실행하는 '튜터링 모델(tutoring model)'이다. 이

모델은 학습자의 반응에 따라 힌트를 제공하거나 문제의 난이도를 조정한다(Park et al., 2024).

지능형 튜터링 시스템은 그 개발 초기에 주로 수학과 과학 분야에서 많이 활용되었다. 이들 교과는 학습자의 풀이 과정과 결과가 명확히 기록될 수 있어 컴퓨터가 분석하기에 용이했기 때문이다. 예를 들어, 수학 문제 풀이 과정에서 학습자가 특정 단계에서 반복적으로 오류를 범하면 지능형 튜터링 시스템은 그 지점을 표시하고 추가 설명이나 힌트를 제공한다. 과학 교육에서도 실험 설계나 가설 검증 과정에서 학습자의 선택을 기록하고, 잘못된 개념 이해를 교정하는 방식으로 활용되었다(Corbett et al., 1997).

지능형 튜터링 시스템의 개념은 시간이 흐르면서 확장되었다. 과거에는 단순히 '자동 채점과 피드백' 수준에 머물렀다면, 오늘날에는 학습자의 사고 과정과 전략을 추적해 보다 정교한 지원을 제공하고 있다. 또한 기계 학습과 자연어 처리 기술의 도입으로 학습자의 서술형 답변을 분석하거나, 대화형 인터페이스를 통해 학습 대화를 이어가는 것도 가능해졌다. 나아가 지능형 튜터링 시스템은 단순한 지식 전달 도구를 넘어, 학습자가 비판적 사고와 문제 해결 능력을 기를 수 있도록 돕는 방향으로

도 발전하고 있다(Wang et al., 2023).

종합하면, 지능형 튜터링 시스템은 학습자의 개별 차이를 반영해 맞춤형 학습을 제공하는 대표적 인공지능 교육 도구로 자리 잡았다고 볼 수 있다. 이는 교수자가 모든 학습자를 동시에 세밀하게 지도하기 어려운 현실에서 효과적인 대안이 되며, 인공지능 활용 교육의 실천적 의미를 보여주는 중요한 사례이기도 하다.

맞춤형 학습을 위한 지능형 튜터링 시스템

지능형 튜터링 시스템의 가장 큰 특징은 개별화된 학습 지원이다. 전통적 교실 수업에서는 모든 학습자를 대상으로 강의 전반이 동일한 내용과 속도로 진행되기 때문에 학습자의 수준 차이가 제대로 반영되지 못한다. 반면 지능형 튜터링 시스템은 학습자의 학습 데이터—정답 여부, 풀이 시간, 오류 유형—를 실시간으로 분석하여 개인별 난이도 조정과 맞춤형 피드백을 제공한다(Villegas-Ch et al., 2025). 이러한 기능 덕분에 지능형 튜터링 시스템은 교실 안에서 학습자 개개인에게 일대일 지도를 제공하는 효과를 낸다.

지능형 튜터링 시스템의 또 다른 특징은 학습 과정 중심의 지원이다. 전통적 수업이 결과 평가에 치중하는 반면, 지능형 튜터링 시스템은 학습자가 문제를 해결하는 과정 자체를 기록하고 분석한다. 학습자가 어디서 멈추고 어떤 오답을 반복하는지 파악해 그 지점에 맞는 힌트를 제공하는 것이다. 이를 통해 학습자는 단순히 정답을 맞히는 것을 넘어서 사고 과정을 개선할 수 있고, 교수자는 학습자의 인지적 특성을 더 잘 이해하게 된다. 지능형 튜터링 시스템은 학습 동기 부여에도 이바지한다. 즉각적 피드백은 학습자가 학습 진전을 체감하게 하고, 성취감을 느끼도록 돕는다. 또한 게임화 요소가 결합한 지능형 튜터링 시스템은 학습자가 흥미를 잃지 않고 학습 동기를 발전시키며 지속적으로 학습하도록 유도한다.

그러나 지능형 튜터링 시스템의 장점만을 강조할 수는 없다. 현재까지는 복잡한 서술형 답안이나 창의적 사고 과정을 정밀하게 분석하는 데에 제약이 있으며, 알고리즘 편향이 개별 학습자의 특성을 왜곡할 위험도 있기 때문이다. 또한 학습자가 시스템의 힌트에만 기대어 문제를 해결한다면 사고 과정의 심화는 일어나기 어렵다. 교수자가 지능형 튜터링 시스템의 분석 결과를 비판 없이 수용할 경우 교육적 판단의 주체성이 약화될 수 있다는 우려도 존재한다(Zhai et al., 2024).

이처럼 지능형 튜터링 시스템은 개별화 학습과 과정

중심 피드백, 학습 동기 강화라는 장점을 제공하지만, 기술적 한계와 윤리적 과제도 동시에 안고 있다. 그렇기에 교수자가 지능형 튜터링 시스템을 보조 도구로 올바르게 활용하고 제도적 지원이 병행될 때 지능형 튜터링 시스템은 진정한 교육 혁신 도구로 기능할 수 있을 것이다.

지능형 튜터링 시스템의 유형과 종류

지능형 튜터링 시스템은 초기부터 다양한 형태로 발전해 왔다. 가장 대표적인 유형은 수학과 과학 분야에서 활용된 시스템으로, 명확한 정답과 단계적 풀이 과정을 분석하기 용이했기 때문이다. 예를 들어, '알렉스(ALEKS)'는 학습자의 지식 상태를 진단해 맞춤형 학습 경로를 제공하고, '매시아(MATHia)'는 문제 풀이 과정을 추적해 실시간 피드백을 제공한다. 또 '어시스트먼츠(ASSISTments)'는 교수자가 학습자의 응답 데이터를 분석해 수업에 반영하도록 지원한다. 이러한 시스템들은 공통으로 개별화 학습과 피드백 제공을 핵심 기능으로 한다.

최근에는 언어 학습과 쓰기 교육 등 더 복잡한 영역으로 지능형 튜터링 시스템이 확장되고 있다. 예를 들어, 영어, 수학, 과학 등 여러 교과의 학습을 지원하는 개별화 학습 지원 온라인 학습 플랫폼인 '센추리(Century)'가 있다. 센추리는 기본적인 문제 제공과 풀이 작업 외에도, 학습자의 학업 수준에 맞는 마이크로 학습을 제공하거나 학습자 지식 간의 간격을 파악하는 등 복합적인 작업을 수행한다. 단순 정답 판별이 아닌 학습자의 서술형 응답을 자연어 처리 기술로 분석해 의미 있는 피드백을 제공하는 시스템이 개발된 것이다. 이는 인공지능 기술이 발전하면서 지능형 튜터링 시스템이 다룰 수 있는 교과와 학습 영역이 크게 넓어졌음을 보여 준다.

발전 과정의 흐름 사이에서 지능형 튜터링 시스템은 단순 반복 훈련형에서 점차 학습자의 사고 과정을 반영하는 형태로 진화했다. 초기 시스템은 문제 풀이 결과만을 판별했지만, 현재에 다다라서는 학습자의 오류 유형, 학습 전략, 심지어 학습 태도까지 분석해 학습 경로를 조정하기도 한다. 교육부에서 개발한 지능형 튜터링 시스템인 '똑똑 수학탐험대'는, 개별 학습자의 수학 수준을 진단하고 그것을 인공지능이 분석함으로써 이어서 진행할 학습 활동을 추천해 준다. 게다가, 일부 시스템은 학습자가 개념을 이해하지 못했을 때 보충 설명이나 시각자료를 자동으로 제시하는 기능까지도 탑재되어 있다. 이는 지능형 튜터링 시스템이 단순한 채점 도구가 아니라, 학습자의 사고 과정을 지원하는 동반자로 자리 잡아

가고 있음을 의미한다.

지능형 튜터링 시스템 발전 과정에서 또 하나 눈여겨볼 부분은 바로 교수자와의 연계 강화다. 초기에는 학습자 개인과 시스템의 상호작용이 중심이었으나, 현재는 교수자 대시보드를 통해 학급 전체의 학습 데이터를 시각화하고, 이를 토대로 수업을 설계할 수 있도록 돕는다. 교수자는 학습자의 성취도 분포와 주요 오개념을 실시간으로 확인하고, 필요할 경우 수업을 조정한다. 이처럼 지능형 튜터링 시스템은 학습자 지원뿐 아니라 교수자 지원 도구로서의 역할도 점차 확대되고 있다(Bardach et al., 2024).

지능형 튜터링 시스템은 초기의 제한된 영역을 넘어 다양한 교과와 교육 상황에 활용할 수 있는 방향으로 발전해 왔다. 지식 진단과 맞춤형 피드백, 사고 과정 분석, 교수자 지원 기능이 결합되면서, 지능형 튜터링 시스템은 단순 기술적 장치를 넘어 교육 패러다임을 바꾸는 핵심 요소로 자리매김하고 있다.

지능형 튜터링 시스템 활용 수업 사례와 학습 효과

지능형 튜터링 시스템의 효과는 실제 수업 현장에서 더욱 분명히 드러난다. 수학 교과에서 '알렉스'와 같은 지능형 튜터링 시스템은 학습자 개개인의 성취 수준을 빠르게 진단하고, 부족한 영역에 맞춤형 문제를 제시하여 학습 결손을 줄인다. 이 과정에서 교수자는 학급 전체의 진단 결과를 확인해 특정 단원을 재설명하거나, 이해가 부족한 학습자에게 보충 활동을 설계할 수 있다.

영어 수업에서는 대화형 지능형 튜터링 시스템을 활용해 학습자의 발화 데이터를 수집 · 분석하여 문법적 오류와 어휘 사용 패턴을 피드백할 수 있다(Slavuj et al., 2015). 이를 통해 학습자는 개별화된 지도를 받으며 반복 연습을 통해 자신감을 키울 수 있고, 교수자는 학습자의 오류 유형을 참고해 수업 전략을 조정할 수 있다.

초등학교 수학 수업에서는 지능형 튜터링 시스템의 진단 · 평가, 분석 · 예측, 피드백 · 콘텐츠 제공 기능을 통해 개인 맞춤형 수학 학습을 효과적으로 지원할 수 있다(성지현, 2023). 학습자는 자신의 학습 수준과 오류를 실시간으로 인지하고 자기 주도적으로 학습 과정을 조절할 수 있으며, 교수자는 반복적인 채점 업무에서 벗어나 학습 진단과 보충 지도를 설계하는 조력자 역할에 집중할 수 있다.

이처럼 지능형 튜터링 시스템은 교수자의 부담을 줄이는 동시에 학습자의 성취와 참여를 높였다. 그러나 효과는 도입 환경과 활용 방식에 따라 차이를 보였다. 일부 학습자는 즉각적인 피드백을 활용하지 못하고 기계적으로 문제를 반복하기도 했다. 이처럼 다양한 사례를 살펴보았을 때, 지능형 튜터링 시스템의 장점을 살리기 위해서는 교수자가 학습자의 학습 태도를 관리하고, 시스템이 제공하지 못하는 정서적 지원을 보완해야 한다는 시사점을 도출할 수 있다.

지능형 튜터링 시스템 활용 수업은 단순한 효율성 향상을 넘어 학습 경험의 질을 새롭게 정의한다. 교수자는 관리자가 아닌 설계자·조력자로 기능하며, 학습자는 능동적으로 학습을 조정하는 주체가 된다. 지능형 튜터링 시스템이 교육 혁신을 이끄는 힘은 바로 이러한 교수자와 학습자의 관계 변화에서 비롯된다고 할 수 있다.

참고문헌

성지현(2023). "개인 맞춤형 수학 학습을 위한 인공지능 교육시스템의 기능과 적용 사례 분석". 《수학교육》, 62(3), 303~326쪽.

Bardach, L. et al.(2024). Intelligent tutoring systems need real teachers. Manuscript under review.

Corbett, A. T. et al.(1997). Intelligent tutoring systems. In Helander, M. et al.(eds.). *Handbook of human-computer interaction* (2nd ed.), pp.849~874. Elsevier Science B. V.

Park, M. et al.(2024). Empowering personalized learning through a conversation-based tutoring system with student modeling. *Extended Abstracts of the CHI Conference on Human Factors in Computing Systems*, pp.1～10. ACM. https://doi.org/10.1145/3613905.3651122

Slavuj, V. et al.(2015). Intelligent tutoring systems for language learning. *Proceedings of the 2015 38th International Convention on Information and Communication Technology, Electronics and Microelectronics (MIPRO)*, pp.814～819. IEEE. https://doi.org/10.1109/MIPRO.2015.7160383

Villegas-Ch, W. et al.(2025). Adaptive intelligent tutoring systems for STEM education: Analysis of the learning impact and effectiveness of personalized feedback. S*mart Learning Environments, 12*(1), pp.1～31. https://doi.org/10.1186/s40561-025-00389-y

Wang, H. et al.(2023). Examining the applications of intelligent tutoring systems in real educational contexts: A systematic literature review from the social experiment perspective. *Education and Information Technologies, 28*(7), pp.9113～9148. https://doi.org/10.1007/s10639-022-11555-x

Zerkouk, M. et al.(2025). A comprehensive review of AI-based intelligent tutoring systems: Applications and challenges. arXiv preprint arXiv:2507.18882. https://arxiv.org/abs/2507.18882

Zhai, C. et al.(2024). The effects of over-reliance on AI dialogue systems on students' cognitive abilities: A systematic review. *Smart Learning Environments, 11*(1), 28. https://doi.org/10.1186/s40561-024-00316-7

04
AI 학습관리시스템

인공지능과 결합한 학습관리시스템은 단순한 자료 제공을 넘어 학습자의 학습 상황과 학업 성취 수준을 실시간으로 분석하여 학습 과정을 진단하고 효과적인 교수 학습을 지원한다. 이 장에서 소개할 사례들은 특히 데이터 분석을 통해 맞춤형 학습 전략을 제시하며, 교수자가 학습 관리와 수업 설계를 정교화할 수 있도록 지원한다. 이 장에서는 학습관리시스템이 가지는 잠재력과 한계, 그리고 실제 수업 현장에서의 활용성을 제시한다.

청각장애인과 AI?

AI 학습관리시스템이란?

학습관리시스템(Learning Management System, LMS)은 디지털 환경에서 학습 자료를 제공하고, 학습자의 활동을 기록·관리하며, 교수자와 학습자 간의 상호작용을 지원하는 통합 플랫폼이다(Watson & Watson, 2007). 초기 학습관리시스템은 온라인 강의 자료 업로드와 과제 제출 관리에 초점이 맞추어져 있었다. 그러나 인공지능과 결합하면서 단순 전달 기능을 넘어 학습자의 활동 데이터를 분석하고 맞춤형 지원을 제공하는 지능형 플랫폼으로 발전하며, 최근에는 AI 코스웨어로도 불린다.

학습관리시스템은 교육의 효율성과 접근성을 크게 높였다. 시간과 장소의 제약을 줄이고, 다양한 학습 자료를 온라인으로 제공할 수 있어 학습자는 언제 어디서나 학습할 수 있게 되었다. 또한 교수자는 출결, 과제, 평가 결과를 자동으로 관리할 수 있어 행정 업무 부담을 줄이고 수업 설계에 더 많은 시간을 투입할 수 있게 되었다. 특히 최근의 학습관리시스템은 학습자별 참여율과 진도율을 시각화해 교수자가 학습 부진자를 조기에 파악하도록 지원하기도 한다(Goh, 2025).

인공지능 기반 학습관리시스템의 등장은 학습관리시

스템의 의미를 근본적으로 확장했다. 단순히 콘텐츠를 보관·전달하는 창고가 아니라, 학습 데이터를 바탕으로 학습자의 수준을 진단하고 개별화된 학습 경로를 설계하는 도구로 변화한 것이다. 예를 들어, 학습자가 특정 과목에서 낮은 성취도를 보일 경우, 시스템은 보충 자료를 자동 추천하거나 추가 학습을 안내할 수 있다. 교수자는 이 정보를 바탕으로 학습자별 맞춤형 수업 전략을 세울 수 있다.

또한 학습관리시스템은 교수자와 학습자의 소통 방식도 크게 뒤바꾸었다. 과제 피드백, 질의응답, 토론 게시판 등은 학습자가 수업 시간 외에도 교수자와 상호작용을 하도록 해 학습 지속성을 높였다. 최근에는 AI 챗봇을 학습관리시스템에 탑재해 학습자의 질문에 즉각적으로 답변하거나, 학습 일정 관리를 돕는 기능을 도입하는 시도도 계속되고 있다. 이로써 학습관리시스템은 단순한 관리 도구를 넘어 학습 경험을 매개하는 중요한 플랫폼으로 자리매김했다.

종합해 보면, 학습관리시스템은 단순 관리 체계를 넘어 학습 과정 전체를 설계하고 조율하는 중심축으로 진화하고 있다. 특히 인공지능과 결합한 학습관리시스템은 교수자에게는 학급 관리와 수업 설계 지원을, 학습자에게는 자기 주도적 학습 환경을 제공하며, 교실 안팎의 학습을 하나로 연결하는 기반이 되고 있다(Goh, 2025; Ismail et al., 2021).

학습관리시스템의 장단점

인공지능 기반 학습관리시스템은 교육 현장에서 다양한 장점을 제공한다. 무엇보다 학습자의 학습 데이터를 체계적으로 축적하고 분석할 수 있다는 점에서 의미가 크다. 학습자의 접속 기록, 과제 제출 현황, 시험 성적 등이 자동으로 기록되어 교수자와 학습자 모두가 학습 진행 상황을 명확하게 확인할 수 있다. 이 과정에서 학습자는 스스로 학습 계획을 조정할 수 있고, 교수자는 학급 전체의 학습 패턴을 파악하여 수업 전략을 조율할 수 있다.

또한 학습관리시스템은 맞춤형 학습 지원에 강점이 있다. 학습자가 반복적으로 어려움을 겪는 단원이나 낮은 참여도를 보이는 활동을 즉시 식별할 수 있고, 시스템은 보충 자료나 개별 과제를 추천한다. 이를 통해 학습자는 자신에게 필요한 학습을 효율적으로 수행하고, 교수자는 학습자 개개인에게 적절한 지도를 제공할 수 있다. 학습자가 어느 부분에서 성취가 낮은지, 어떤 학습 습관을 보이는지 시각적으로 제시되는 기능은 수업 운영에 큰 도움을 준다.

하지만 학습관리시스템에는 분명한 한계도 존재한다. 첫째, 학습 분석 결과가 단순 수치와 지표에 치중되는 경우가 많아 학습자의 실제 맥락이나 정서적 요인을 충분히 반영하지 못한다. 학습자가 과제를 늦게 제출했다고 해서 반드시 학습 의지가 낮다고 단정할 수는 없다는 것이다. 둘째, 시스템에 입력되는 데이터가 불완전하거나 편향될 경우, 분석 결과 또한 왜곡될 수 있다. 이는 교수자가 시스템 정보를 비판적으로 해석해야 하는 이유이기도 하다. 셋째, 기술 활용 능력의 차이도 문제다. 교수자마다 데이터 해석 능력이 다르므로, 같은 학습관리시스템을 사용하더라도 학습 지도 효과는 달라질 수 있다. 충분한 연수와 지원이 제공되지 않으면 학습관리시스템 활용은 오히려 교수자에게 부담이 될 수 있다. 또한 학습자 사이에서도 디지털 활용 역량 차이가 존재하여, 일부 학습자는 학습관리시스템 환경에 적응하지 못하고 소외될 위험이 있다(Wilson et al., 2017).

학습관리시스템은 학습 분석을 통해 교육을 정밀하게 지원할 수 있는 잠재력을 지니지만, 수치에 대한 맹신과 기술 의존은 새로운 한계를 만든다. 따라서 교수자와 학습자 모두에게 데이터 활용 역량을 기르고, 제도적 차원에서 형평성 있는 접근을 지원하는 것이 필요하다. 이 과정을 통해 학습관리시스템은 교육의 효율성과 공정성을 동시에 확보하는 도구로 자리매김할 수 있을 것이다.

AI 학습관리시스템의 유형과 종류

인공지능이 결합한 학습관리시스템은 단순한 자료 저장소를 넘어 학습자와 교수자를 적극적으로 지원하는 지능형 플랫폼으로 발전했다. 이러한 시스템은 크게 세 가지 유형으로 나누어 볼 수 있다. 첫째, 학습 데이터 분석형 학습관리시스템이다. 이 유형은 학습자의 접속 기록, 과제 수행, 퀴즈 결과를 자동으로 분석하여 교수자에게 시각화된 대시보드를 제공한다. 교수자는 이를 통해 학습자별 학습 상황을 실시간으로 점검할 수 있고, 부진 학습자에게 신속히 개입할 수 있다(Kaliisa & Dolonen, 2023).

둘째, 개별화 학습 지원형 학습관리시스템이다. 이 유형은 학습자의 수준과 흥미를 고려하여 맞춤형 학습 경로를 설계한다. 예를 들어, 학습자가 특정 단원에서 낮은 성취를 보일 경우 보충 콘텐츠를 추천하고, 성취도가 높은 학습자에게는 심화 과제를 제시한다. 또한 학습자가 자주 오답을 범하는 개념을 추적하여 교수자에게 알림을 제공하기도 한다. 이를 통해 학습관리시스템은 개별 학습자가 자기 주도적으로 학습을 조율할 수 있는 기반을 마련한다(Spriggs et al., 2025).

셋째, 상호작용 지원형 학습관리시스템이다. 전통적인 학습관리시스템이 주로 과제와 시험 관리에 집중했다면, 최근 시스템은 학습자와 교수자, 학습자 간 소통을 촉진하는 기능을 강화하고 있다. 예를 들어 토론 게시판, 실시간 채팅, AI 챗봇 기능이 학습관리시스템에 결합해 학습자가 필요할 때 즉각적인 피드백을 받을 수 있다. 이와 관련해, '클래스차트(ClassCharts)'라는 학습자들의 생활 지도를 돕는 교실 경영 플랫폼이 하나의 예시가 될 수 있다. 자리 배치에 필요한 정보나 학습자들의 행동 특성을 종합적으로 활용하고 그것을 시각화하여 보여 주는 등 상호작용의 기능을 다각도에서 수행한다. 이는 오프라인 교실의 상호작용을 온라인으로 확장하는 효과를 낳으며, 학습자의 참여도를 높인다(Mungai et al., 2024).

인공지능 기반 학습관리시스템은 기능 측면에서도 진화를 거듭하고 있다. 자동 채점, 표절 검사, 학습 일정 관리 기능은 이미 널리 보급되었으며, 최근에는 학습자의 감정 상태를 추정하여 피드백 강도를 조정하는 실험적 기능도 시도되고 있다. 더 나아가 교수자에게 수업 설계 제안이나 학습자 그룹 편성 방안을 제시하는 기능도 개발되고 있다. 이러한 발전은 교수자의 업무 효율을 높일 뿐 아니라, 학습자에게 더 정교한 학습 경험을 제공한다.

인공지능 기반 학습관리시스템은 유형별 특징은 다르지만, 공통으로 학습자의 개별화된 학습 지원과 교수자의 수업 설계를 돕는다는 목표를 지닌다. 앞으로는 세 유형이 더 통합되어, 데이터 분석 · 개별화 · 상호작용을 모두 포괄하는 형태로 발전할 것으로 전망된다. 이는 학습관리시스템이 단순 관리 도구를 넘어 학습 환경 전반을 설계하는 핵심 플랫폼으로 자리 잡게 되는 길이라 할 수 있다.

AI 학습관리시스템 활용 수업 사례와 학습 효과

인공지능 기반 학습관리시스템이 실제 교실 수업에 어떻게 활용되는지는 다양한 사례를 통해 확인할 수 있다. 학습관리시스템은 다양한 학습 분야 및 학교군에서 단순한 자료 전달 도구를 넘어 교수자의 수업 운영과 학습자의 자기 주도적 학습을 동시에 지원하는 플랫폼으로 자리매김하고 있다.

국내 대학 일반 교양 과목에서는 LMS 로그 데이터를

분석하여 학습자의 접속 빈도, 자료 열람, 과제 제출 패턴 등을 통해 학업 성취를 예측할 수 있다(유지원, 2014). 교수자는 이러한 데이터를 바탕으로 출석, 과제, 시험 성적 등 학습 활동을 자동 관리하고, 학습 참여 정도를 시각화하여 학습 부진자를 조기에 파악할 수 있다.

비대면 프로젝트 수업에서는 LMS 환경을 활용하여 학습 참여 활동을 디자인함으로써 학습자가 동료 학습 전략과 초인지 전략을 포함한 다양한 학습 전략을 높일 수 있다(이윤경 · 김은진, 2021). 학습자는 시간과 장소의 제약 없이 협력 학습에 참여할 수 있으며, 교수자는 학습자의 활동 데이터를 참고하여 더욱 공정한 평가를 수행하고 학습 전략 및 협동 능력을 함께 강화할 수 있다.

교수자 연수 과정에서는 학습관리시스템 기반으로 연수를 운영하여 연수 자료 공유와 과제 관리, 참여도 분석을 자동화할 수 있다(김용, 2014). 교수자들은 연수 진도를 효율적으로 관리할 수 있고, 교육청은 연수 참여율과 활동 성과를 체계적으로 모니터링할 수 있어 학습관리시스템이 교수자의 전문성 관리 플랫폼으로도 확장할 수 있음을 보여 준다.

이처럼 학습관리시스템 활용 사례는 교실 수업, 프로젝트 활동, 보충 학습, 교수자 연수 등 다양한 영역에 걸쳐 있다. 공통으로 학습관리시스템은 교수자의 업무 부담을 줄이고 학습자 중심 수업을 강화하는 효과를 낳고 있다. 적절한 활용 전략과 제도적 지원이 동반된다면 학습관리시스템은 교육 혁신을 뒷받침하는 중요한 기반으로 더 확산될 것이다.

참고문헌

김용(2014). "원격교원연수 질 제고를 위한 학습관리시스템 기능 분석 연구". 《디지털융복합연구》, 12(6), 569~577쪽.

유지원(2014). "일반대학에서 교양 e-러닝 강좌의 중도탈락 예측모형 개발과 조기 판별 가능성 탐색". 《컴퓨터교육학회 논문지》, 17(1), 1~12쪽.

이윤경·김은진(2021). "비대면 학습환경에서 프로젝트 기반 학습(Project-Based Learning: PBL) 학습성과 및 만족도 분석". 《한국콘텐츠학회논문지》, 21(6), 814~825쪽.

Goh, T. T.(2025). Learning management system log analytics: The role of persistence and consistency of engagement behaviour on academic success. *Journal of Computers in Education*. Advance online publication, pp.1~24. https://doi.org/10.1007/s40692-025-00358-x

Ismail, S. N. et al.(2021). Exploring students' engagement towards the learning management system (LMS) using learning analytics. *Computer Systems Science & Engineering, 37*(1), pp.73~87. http://dx.doi.org/10.32604/csse.2021.015261

Kaliisa, R. & Dolonen, J. A.(2023). CADA: A teacher-facing learning analytics dashboard to foster teachers' awareness of

students' participation and discourse patterns in online discussions. *Technology, Knowledge and Learning, 28*(3), pp.937~958.
https://doi.org/10.1007/s10758-022-09598-7

Mungai, B. K. et al.(2024). AI chatbots in LMS: A pedagogical review of cognitive, constructivist, and adaptive principles. *Engineering and Technology Journal, 9*(8), pp.4709~4715. https://doi.org/10.47191/etj/v9i08.15

Spriggs, K. et al.(2025). Personalizing education through an adaptive LMS with integrated LLMs. arXiv preprint arXiv:2502.08655. https://arxiv.org/abs/2502.08655

Watson, W. R. & Watson, S. L.(2007). An argument for clarity: What are learning management systems, what are they not, and what should they become?. *TechTrends, 51*(2), pp.28~34. https://doi.org/10.1007/s11528-007-0023-y

Wilson, A. et al.(2017). Learning analytics: Challenges and limitations. *Teaching in Higher Education, 22*(8), pp.991~1007.
https://doi.org/10.1080/13562517.2017.1332026

05

AI 챗봇

AI 챗봇은 언제 어디서든 대화를 통해 AI와 상호작용을 하면서 학습이 이루어지는 도구다. 교육에서 AI 챗봇은 언어 학습, 문제 풀이, 피드백 제공 등 다양한 방식으로 활용된다. 이 장에서는 AI 챗봇의 교육적 특징과 실제 적용 사례를 소개하며, 학습자의 참여를 촉진하는 가능성과 함께 한계점도 살펴본다.

AI 콘텐츠 크리에이터?

교육에서의 AI 챗봇

AI 챗봇은 인공지능 기술을 활용하여 사람과 자연스러운 대화를 수행하는 프로그램으로, 교육 현장에서는 학습자의 학습 파트너로 활용된다. 단순한 검색이나 질의응답을 넘어, 학습자가 언어를 구사하거나 문제를 해결하는 과정을 대화형 방식으로 지원한다는 점에서 큰 특징을 가진다(Davar et al., 2025).

AI 챗봇은 학습자의 질문에 실시간으로 반응할 수 있고, 대화 맥락을 이어가며 피드백을 제공할 수 있다는 점에서 기존의 단방향 학습 자료와 차별화된다. 예를 들어, 언어 학습에서는 학습자가 AI 챗봇과 텍스트 혹은 음성 기반의 대화를 주고받으며 발화 능력을 기를 수 있고, 수학이나 과학 학습에서는 문제 풀이 단계를 안내받거나 오류를 점검할 수 있다. 학습자가 언제 어디서나 모바일 기기를 통해 AI 챗봇과 상호작용을 할 수 있다는 점은 접근성을 크게 높여 준다.

또한 AI 챗봇은 학습자의 개별 수준에 맞는 맞춤형 피드백을 제공할 수 있다. 기계 학습과 자연어 처리 기술을 활용해 학습자의 답변을 분석하고, 부족한 부분을 보완하는 설명을 제시한다. 학습자가 반복적으로 실수하는 부분을 인식해 즉각적인 교정 기회를 주는 것은 전통적인 교실에서 교수자 1인이 동시에 수행하기 어려운 역할이다. 이로써 챗봇은 개별화 학습을 지원하는 효과적 도구로 자리 잡고 있다.

교육에서 AI 챗봇이 갖는 의미는 단순한 지식 전달을 넘어 학습자와의 상호작용 자체를 확장한다는 데 있다. 학습자는 AI 챗봇과 대화를 통해 학습 내용을 점검하고 스스로 사고 과정을 조율할 수 있다. 교수자는 이를 통해 반복적 설명이나 기본적인 질의응답에 쓰던 시간을 줄이고, 더 심화된 학습 활동을 구상하거나 진행하는 과정에 보다 집중할 수 있다. 즉, AI 챗봇은 학습자에게는 지속적인 학습 동반자, 교수자에게는 수업 보조자라는 이중적 역할을 수행한다(Labadze et al., 2023).

최근에는 생성형 인공지능의 발달로 AI 챗봇의 역할이 더욱 넓어지고 있다. 단순 대화 수준을 넘어 학습자가 작성한 글을 교정하거나 새로운 아이디어를 제안하는 등 창의적 활동까지 지원할 수 있게 된 것이다. 이는 AI 챗봇이 학습자에게 단순히 답변을 제공하는 수준을 넘어, 학습 과정 전반에 걸쳐 상호작용하며 성장을 돕는 동반자로 발전하고 있음을 보여 준다.

AI 챗봇 학습의 양면성

AI 챗봇은 학습자와의 대화형 상호작용을 통해 학습 효과를 높이는 장점이 있지만, 동시에 여러 측면에서 오류와 한계도 내포하고 있다. 우선 긍정적 측면에서 AI 챗봇은 학습자의 질문에 즉각 반응하고 대화 맥락을 이어가면서 학습 지속성을 높인다. 학습자는 AI 챗봇과의 상호작용을 통해 언제든 피드백을 받을 수 있어 교실 밖에서도 학습을 이어갈 수 있다. 이러한 상시적 피드백은 학습 동기를 유지하고 학습 습관을 형성하는 데 도움이 된다 (Huang et al., 2025).

또한 AI 챗봇은 학습자가 실수하거나 오답을 내더라도 이를 반복적으로 교정할 기회를 빠르고 섬세하게 제공한다. 교수자는 모든 학습자의 질문을 동시에 다루기 어렵지만, AI 챗봇은 개별 학습자와 지속적으로 대화를 이어갈 수 있다. 이를 통해 학습자는 실수를 두려워하지 않고 다양한 시도를 하며 학습 과정을 심화할 수 있다. 특히 언어 학습에서는 발화 연습 기회가 많이 늘어나고, 수학 학습에서는 풀이 단계별 안내를 통해 자기 점검이 가능해진다.

그러나 AI 챗봇에는 한계도 분명히 존재한다. 첫째, AI 챗봇은 아직 완벽하지 않다. 대화의 맥락을 잘못 이해하거나 부정확한 정보를 제공하는 경우가 있으며, 이는 학습자에게 혼란을 줄 수 있다. 둘째, 과도한 의존성의 문제다. 학습자가 스스로 탐구하기보다 AI 챗봇의 답변에만 의지할 경우 비판적 사고와 창의성이 저해될 위험이 있다. 셋째, 감정적 상호작용의 부족도 단점으로 지적된다. AI 챗봇은 공감이나 정서적 지원에서 한계를 드러내며, 이는 특히 청소년 학습자에게 중요한 요소로 여겨지기도 한다(Kooli, 2023).

또한 AI 챗봇의 성능은 사용 언어와 문화적 맥락에 따라 달라질 수 있다. 영어권에서는 비교적 풍부한 데이터와 연구가 축적되어 정확도가 높지만, 다른 언어권에서는 데이터 부족으로 성능이 낮아질 수 있다. 이는 언어 불평등과 학습 격차 문제와 연결될 수 있다. 더불어 AI 챗봇의 대화 내용은 서버에 기록되기 때문에 개인정보 보호와 데이터 보안에 대한 우려도 지속적으로 제기되고 있다(Stöhr et al., 2024).

결국 AI 챗봇은 교육에 새로운 가능성을 열어 주면서도 동시에 신뢰성과 윤리적 과제를 안고 있다. 교수자와 학습자는 AI 챗봇의 장점을 활용하되, 정보 검증과 비판적 사용 태도를 병행해야 한다. 이러한 균형이 이루어질 때 AI 챗봇은 학습을 보완하는 유용한 도구로 자리 잡을 수 있을 것이다.

교육용 AI 챗봇의 유형과 종류

교육용 AI 챗봇은 목적과 기능에 따라 여러 유형으로 구분된다. 가장 널리 사용되는 것은 언어 학습 지원형으로, 학습자가 외국어로 실제 대화를 시도할 수 있는 환경을 제공한다. '듀오링고(Duolingo)' 챗봇이나 'AI 펭톡', 에그번 에듀케이션(Eggburn EDUCATION)'은 학습자가 문법적으로 미흡하더라도 대화를 이어가도록 유도하며, 반복 연습을 통해 발화 능력을 키우도록 돕는다.

문제 해결 지원형 AI 챗봇은 수학이나 과학과 같이 단계적 풀이가 중요한 교과에서 활용된다. 학습자가 문제를 입력하면 AI 챗봇은 정답을 직접 제시하기보다 풀이 과정을 단계별로 안내하거나 필요한 힌트를 제공한다. '매스웨이(Mathway)'같은 시스템은 학습자가 사고 과정을 점검하면서 자율적으로 문제 해결력을 기를 수 있도록 설계되어 있다(Jančařík et al., 2023).

피드백 제공형 AI 챗봇은 학습자가 작성한 글이나 답변을 분석해 문법, 어휘, 논리적 전개를 평가한다. 교수자의 개별 피드백을 즉시 제공하기 어려운 상황에서 이 유형은 학습자가 빠르게 오류를 수정할 기회를 제공한다. 단순한 정답과 오답의 판별을 넘어서 표현의 적절성을 지적하거나 대안을 제안하기 때문에 글쓰기 교육에서 특히 유용하다(Obaidoon & Wei, 2024).

최근에는 범용 대화형 AI 챗봇이 교실 안팎에서 활용되는 사례도 늘고 있다. '챗지피티'나 '클로드', '제미나이'와 같은 시스템은 특정 교과에 국한되지 않고 다양한 질문에 답변하거나 학습 자료를 생성한다. 일부 교수자는 이를 수업 준비 과정에서 예시 자료를 마련하거나 토론 주제를 발굴하는 데 활용하고, 학습자는 과제를 위한 참고 자료나 아이디어를 얻는 데 사용한다. 다만 범용 AI 챗봇은 정보의 정확성과 신뢰성 문제를 안고 있어, 교수자의 지도와 검증이 반드시 병행되어야 한다.

이처럼 AI 챗봇은 학습 목표와 교과 특성에 따라 다양한 유형으로 개발되고 활용된다. 각각의 유형은 특정 상황에서 효과를 발휘하지만, 동시에 한계도 지닌다. 따라서 교수자와 학습자는 AI 챗봇의 특성을 이해하고, 학습 목적에 적합한 유형을 선택해 활용해야 한다. 적절한 활용 전략이 뒷받침될 때 AI 챗봇은 단순 도구를 넘어 학습 과정을 지원하는 중요한 교육 자원으로 자리 잡을 수 있다.

AI 챗봇 활용 수업 사례 및 학습 효과

AI 챗봇이 실제 수업에서 어떻게 활용될 수 있는지는 다양한 학교급과 과목에 따른 다양한 활동 설계 방안을 검토함으로써 살펴볼 수 있다. 중학교 영어 수업에서는 교과 과정 기반 단어를 포함한 AI 챗봇과의 대화 활동을 통해 영어 말하기 연습을 진행할 수 있다(Qian et al., 2023). 챗봇이 학습자의 교과 내용에 맞는 어휘를 삽입하여 대화를 설계함으로써 학습자들의 목표 단어에 대한 이해도와 학습 동기가 모두 향상되며, 교과 내용과 연계된 실생활 맥락에서의 언어 사용 능력 향상에 기여할 수 있다.

고등학교 수학 수업에서는 인공지능 기반 챗봇 튜터를 활용하여 학습자가 어려움을 겪는 수학 문제에 대해 단계별 풀이 과정 안내나 힌트를 제공할 수 있다(Henkel et al, 2024). 이러한 상호작용을 통해 학습자들은 수학 성취도에서 유의미한 향상을 경험하며, 교수자는 학급 전체의 주요 오류 유형이나 학습 곤란 요인을 파악하여 수업 전략을 조정할 수 있다.

성인 학습자를 대상으로 하는 경우에도 AI 챗봇은 폭넓게 활용된다. 대학 교양 글쓰기 수업에서는 AI 챗봇이 학습자가 작성한 글에 대해 문법, 어휘, 논리 전개 등을 바탕으로 즉각적인 피드백을 제공할 수 있다(Guo et al., 2024). 이러한 즉각적인 피드백은 글의 내용과 구조를 다시 다듬는 데 유용하게 활용되며, 교수자는 반복적으로 나타나는 오류 유형을 분석하여 강의 내용을 조정하는 데 활용할 수 있다.

디자인 교양 교과의 팀 기반 프로젝트 수업에서는 학습자들이 다양한 자료를 탐색하고 협업하며 아이디어를 발전시키는 과정에서 챗봇을 활용할 수 있다(Kumar, 2021). 교수자는 인공지능이 제공하는 정보를 그대로 받아들이지 않도록 지도하고, 학습자가 제안을 비판적으로 검토하도록 유도함으로써 정보 분석 및 판단 능력을 촉진할 수 있다.

이러한 사례들은 AI 챗봇이 교실 수업, 개별 학습, 프로젝트 활동 등 여러 교육 맥락에서 폭넓게 활용될 수 있음을 보여 준다. 교수자에게는 수업 설계와 학습자 분석을 지원하는 보조 도구로, 학습자에게는 학습 참여를 촉진하는 상호작용 파트너로 기능한다. AI 챗봇이 제공하는 가능성과 한계를 이해하고 올바른 활용 전략을 세울 때, 교육 현장에서의 효과는 더욱 커질 것이다.

참고문헌

Davar, N. F. et al.(2025). AI chatbots in education: Challenges and opportunities. *Information, 16*(3), 235. https://doi.org/10.3390/info16030235

Guo, K. et al.(2024). Effects of an AI-supported approach to peer feedback on university EFL students' feedback quality and writing ability. *The Internet and Higher Education, 63*, 100962. https://doi.org/10.1016/j.iheduc.2024.100962

Henkel, O. et al.(2024). Effective and scalable math support: Evidence on the impact of an AI-tutor on math achievement in Ghana. arXiv preprint arXiv:2402.09809. https://arxiv.org/abs/2402.09809

Huang, W. et al.(2025). Chatbots and student motivation: A scoping review. *International Journal of Educational Technology in Higher Education, 22*(1), pp.1~27. https://doi.org/10.1186/s41239-025-00524-2

Jančařík, A. et al.(2023). Using AI chatbot for math tutoring. *Journal of Education Culture and Society, 14*(2), pp.285~296. https://doi.org/10.15503/jecs2023.2.285.296

Kooli, C.(2023). Chatbots in education and research: A critical examination of ethical implications and solutions. *Sustainability, 15*(7), 5614. https://doi.org/10.3390/su15075614

Kumar, J. A.(2021). Educational chatbots for project-based learning: Investigating learning outcomes for a team-based design course. *International Journal of Educational Technology in Higher Education, 18*(1), 65. https://doi.org/10.1186/s41239-021-00302-w

Labadze, L. et al.(2023). Role of AI chatbots in education: Systematic literature review. *International Journal of Educational Technology in Higher Education, 20*(1), 56. https://doi.org/10.1186/s41239-023-00426-1

Obaidoon, S. & Wei, H.(2024). ChatGPT, Bard, Bing Chat, and Claude generate feedback for Chinese as foreign language writing: A comparative case study. *Future in Educational Research, 2*(3), pp.184~204. https://doi.org/10.1002/fer3.39

Qian, K. et al.(2023). User adaptive language learning chatbots with a curriculum. *Proceedings of the International Conference on Artificial Intelligence in Education*, pp.308~313. Springer Nature Switzerland. https://doi.org/10.1007/978-3-031-36336-8_52

Stöhr, C. et al.(2024). Perceptions and usage of AI chatbots among students in higher education across genders, academic levels and fields of study. *Computers and Education: Artificial Intelligence, 7*, 100259. https://doi.org/10.1016/j.caeai.2024.100259

06
확장현실(XR)

확장현실(Extended Reality, XR)은 가상현실(Virtual Reality, VR), 증강현실(Augmented Reality, AR), 혼합현실(Mixed Reality, MR)을 아우르는 개념으로, 교실을 넘어 새로운 학습 공간을 제공하고 실험, 탐구, 협력 학습을 몰입하여 실시할 수 있게 한다. 이 장에서는 확장현실이 교육에 가져올 변화와 활용 방안을 탐색하고, 교육자와 학습자에게 주는 실제적 의미를 제시한다.

AI와 민주주의?

확장현실과 교육

확장현실(Extended Reality, XR)은 가상현실(Virtual Reality, VR), 증강현실(Augmented Reality, AR), 혼합현실(Mixed Reality, MR)을 아우르는 개념으로, 현실과 가상의 경계를 넘나드는 학습 경험을 제공한다. 교육 현장에서 확장현실은 교실이라는 물리적 공간의 제약을 넘어 학습자에게 몰입형 환경을 제공하고, 실제 상황과 유사한 경험을 통해 학습 효과를 높이는 도구로 활용된다(Kuleto et al., 2021).

가상현실은 학습자를 완전히 디지털 세계로 몰입시킨다. 예를 들어 과학 수업에서 학습자는 가상현실 기기를 착용해 화학 실험실에 들어가 실험을 수행할 수 있다. 위험하거나 비용이 큰 실험을 안전하게 경험할 수 있다는 점에서 교육적 가치는 크다. 증강현실은 현실 세계 위에 디지털 정보를 덧입혀 학습을 지원한다. 교과서 이미지를 스캔하면 3차원 모델이 나타나거나, 역사 수업에서 고대 유적지가 눈앞에 재현되는 식이다. 혼합현실은 가상 물체와 현실 물체가 동시에 존재하며 상호작용할 수 있는 환경을 제공해, 학습자가 실제 사물을 다루듯 가상 대상을 탐구할 수 있다(Al-Ansi et al., 2023).

확장현실의 교육적 의미는 단순한 시각적 자극을 넘어

체험 기반 학습을 가능하게 한다는 점이다. 학습자는 추상적 개념을 눈앞에서 직접 조작하거나 관찰함으로써 이해를 심화한다. 교수자는 실험실, 역사 현장, 우주 탐험 등 교실에서 구현하기 어려운 학습 환경을 제공할 수 있다. 특히 과학, 사회, 예술 교과에서 확장현실은 학습자의 호기심과 탐구심을 끌어내는 강력한 수단으로 작용한다.

최근 확장현실은 인공지능과 결합하며 새로운 가능성을 보여 주고 있다. 예컨대 학습자의 시선과 행동을 추적해 몰입도를 분석하거나, 실험 과정에서 발생하는 오류를 인공지능이 실시간으로 감지해 보충 설명을 제공하는 방식이다. 이는 확장현실이 단순 체험을 넘어서 학습 진단과 피드백의 도구로 발전할 수 있음을 시사한다. 또한 온라인 학습과 확장현실을 결합해 원격지 학습자에게도 동일한 체험을 제공하는 연구가 이루어지고 있다 (Lampropoulos, 2025).

확장현실은 아직 비용과 접근성에서 한계를 가진다. 전용 기기의 가격이 높고, 콘텐츠 개발에 많은 자원이 필요하다. 그러나 기술 발전과 보급 확대에 따라 점차 교육 현장에서도 활용 가능성이 커지고 있다. 확장현실은 교수자와 학습자 모두에게 새로운 학습 경험을 제시하며, 미래 교실의 중요한 구성 요소로 주목받고 있다.

몰입과 참여, 그리고 한계

확장현실의 가장 큰 강점은 학습자의 몰입과 참여를 높이는 데 있다. 전통적 교실 수업에서는 추상적 개념을 설명하거나 텍스트 자료만으로 학습해야 하는 경우가 많았다. 그러나 확장현실은 학습자가 실제로 현장에 있는 듯한 경험을 제공하여 학습 내용을 생생하게 이해할 수 있게 한다. 예를 들어, 학습자가 고대 로마 유적지를 확장현실로 탐험한다면 단순히 교과서의 사진을 보는 것보다 훨씬 깊이 있는 학습이 가능하다. 몰입적 경험은 학습자의 흥미를 자극하고 수업 참여를 자연스럽게 유도한다.

또한 확장현실은 학습자의 능동적 참여를 촉진한다. 단순히 지식을 주입받는 것이 아니라, 학습자가 직접 탐색하고 조작하는 과정에서 의미를 구성하게 된다. 과학 수업에서 가상 실험을 수행하거나 예술 수업에서 3D 모델을 제작하는 경험은 학습자가 학습의 주체가 되도록 만든다. 이러한 학습은 문제 해결력과 창의성을 함양하는 데 긍정적으로 작용한다(Araiza-Alba et al., 2021).

하지만 확장현실의 교육적 활용에는 몇 가지 한계도 존재한다. 우선, 기기와 콘텐츠의 접근성 문제다. 고가의 장비와 전문 콘텐츠가 필요하므로 모든 학교에서 동일하게 활용하기 어렵다. 또한 네트워크 환경이나 기기 성능이 부족할 경우 몰입 경험이 제한되거나 기술적 오류가 발생할 수 있다. 이 경우 오히려 학습자의 집중이 방해받고 수업이 원활하게 진행되지 못하는 한계가 발생한다. 또한 장시간 확장현실 기기를 긴 시간 사용할 경우 피로감이나 어지럼증 같은 신체적 부담이 나타날 수 있다. 특히 청소년 학습자는 시각적 · 인지적 발달 단계에 있기 때문에 장시간 사용이 적절하지 않다는 우려가 있다. 교육 현장에서는 이러한 부작용을 최소화하기 위해 수업 시간과 활용 방식을 신중하게 설계해야 한다.

이러한 점을 폭넓게 고려할 때, 교육적 효과와 현실적 제약 사이의 균형을 어떻게 맞추느냐가 중요한 과제가 된다. 확장현실이 제공하는 높은 몰입과 참여는 분명 강력한 장점이지만, 기기 보급, 콘텐츠 제작, 학습자 안전이라는 요소가 함께 고려되지 않으면 그 효과는 제한적일 수 있다. 따라서 확장현실은 학습 경험을 확장하는 보조적 수단으로서, 교수자의 설계와 제도적 지원이 병행될 때 진정한 교육적 가치를 발휘할 수 있다.

가상현실, 증강현실, 혼합현실 교수 학습 도구

가상현실은 실제로 가기 어려운 장소나 위험한 환경을

교실로 불러온다. 예를 들어 화산 폭발이나 우주 탐험과 같은 상황은 현실에서 경험하기 어렵지만, 가상현실 환경에서는 안전하게 체험할 수 있다. 학습자는 몰입적 경험을 통해 추상적 개념을 구체적으로 이해하고, 교수자는 수업을 풍부하게 설계할 수 있다. 증강현실은 교과서와 현실 환경에 디지털 정보를 덧입혀 수업 자료를 직관적으로 제시한다. 학습자는 눈앞에서 3차원 모델을 조작하며 개념을 더욱 쉽게 이해할 수 있다. 대표적인 가상현실 도구로는 1000개 이상의 교육용 콘텐츠를 개발한 구글의 '클래스브이알(ClassVR)', 코딩을 통해 동작을 추가하면서 가상현실과 증강현실로 작품을 감상할 수 있는 '코스페이시스(CoSpaces)', 학습자가 과학자의 역할을 수행함으로써 생태계에 대해 배우도록 하는 '에코무브(EcoMUVE)', 가상현실 수술 교육 및 평가 플랫폼인 '오쏘 브이알(OSSO VR)' 등이 있다.

증강현실 또한 특정한 내용의 학습을 위해 여러 측면에서 활용되는데, 그 예로는 역사와 유물에 대한 이해를 돕는 체험형 전시 도구 '예산 보부상 박물관 AR 모험', 실제 카메라로 산맥을 비추면서 그 이름과 고도를 한눈에 파악할 수 있게끔 해 주는 어플리케이션인 '피크파인더(PeakFinder)' 등이 있다.

혼합현실은 가상과 현실을 동시에 다루며, 교수자가 새로운 방식으로 학습 활동을 설계하도록 돕는다. 예를 들어 학습자는 실제 실험 도구를 사용하면서 동시에 가상 시뮬레이션을 조작할 수 있어, 현실과 가상의 융합된 경험을 통해 학습을 심화할 수 있다. '루미로(Lumilo)'는 혼합현실 스마트 안경을 활용해 교수자가 학습자를 보기만 해도 학습자들의 실시간 데이터에 접근 가능하도록 설계된 수업 도구다. 이러한 혼합현실 도구는 학습자가 학습 내용을 다각도로 탐구하도록 유도하며, 교수자에게는 기존 수업에서는 제공하기 어려웠던 차별화된 학습 기회를 제공한다.

확장현실은 교수자의 수업 운영 방식을 변화시키기도 한다. 학습자의 참여 데이터와 행동을 기록하고 시각화하는 기능을 통해, 교수자는 학습자가 어느 부분에서 몰입했는지, 어떤 활동에서 어려움을 겪는지 파악할 수 있다. 이를 근거로 교수자는 학습 내용을 조정하거나 보충 활동을 설계할 수 있으며, 학습자의 참여를 더욱 효과적으로 관리할 수 있다(Schwaiger et al., 2024).

결과적으로 확장현실 기술은 교실을 단순한 학습 공간에서 다차원적 학습 경험의 장으로 전환한다. 교수자는 이를 통해 학습자의 호기심과 탐구심을 끌어내고, 학습자는 실제와 가상의 융합 속에서 풍부한 학습 경험을 얻게 된다. 교실 수업이 더 이상 물리적 공간에 한정되지 않고 확장될 수 있다는 점에서 XR는 미래 교육의 핵심 도구로 주목받고 있다.

확장현실 활용 수업 사례 및 학습 효과

확장현실은 이미 다양한 교과 수업에서 실험적으로 도입되어 학습 효과를 입증하고 있다. 과학 수업에서는 확장현실 기반 실험실이 대표적이다. 학습자는 가상현실 기기를 통해 위험하거나 비용이 많이 드는 실험을 가상 공간에서 수행할 수 있다. 예를 들어 화학 반응 실험이나 물리학 시뮬레이션을 확장현실로 진행하면 안전성과 효율성이 동시에 확보된다. 한 사례로, VR로 구현된 실험실에서 학습자들은 전통적 실험 대비 불안감이 줄어들고, 자기 효능감과 과학에 대한 흥미가 동시에 향상되었다(Gungor et al., 2022).

역사 교육에서도 확장현실은 효과적으로 활용된다. 학습자는 고대 도시나 문화유산을 확장현실 환경에서 탐험하며 당시의 생활상을 직접 체험할 수 있다. 단순히 교재의 사진이나 설명을 읽는 수준을 넘어, 실제 현장을 둘러보듯 학습할 수 있기 때문에 몰입도와 기억력이 향상된다. Remolar(2021)는 학습자가 로마 도시를 가상공간에서 구축하고 탐험하게 함으로써, 기존 교재나 사진으로는 불가능한 몰입형 학습을 가능하게 했다는 연구 결과를 확인하였다.

예비 교수자 대상 수업에서는 확장현실 기반 수업 콘텐츠를 설계·체험하게 함으로써 교수자들의 수업 몰입도와 자기 효능감을 향상시킬 수 있다(최서현 외, 2022). 이러한 경험을 통해 예비 교수자들은 확장현실 도구를 교수 학습에 적용할 수 있다는 긍정적 인식을 가지게 되며, 새로운 교수 도구로서 확장현실의 가능성을 탐색하고 향후 실제 교과 수업에 적용할 수 있는 기반을 마련할 수 있다.

이처럼 확장현실은 교실 수업에서 다양한 형태로 활용되며, 학습자의 참여와 성취를 동시에 높이고 있다. 교수자에게는 새로운 수업 설계 자원을, 학습자에게는 풍부한 체험 기회를 제공한다는 점에서 확장현실은 점차 교육 현장에 확산되고 있으며, 미래 교실의 핵심 요소로 자리 잡아 가고 있다.

참고문헌

최서현 외(2022). "XR 교육 콘텐츠 설계를 위한 수업에서의 XR 적용 및 효과". 《디지털콘텐츠학회논문지》, 23(9), 1757~1766쪽.
Al-Ansi et al.(2023). Analyzing augmented reality (AR) and virtual reality (VR) recent development in education. Social Sciences & Humanities Open, 8(1), 100532. https://doi.org/10.1016/j.ssaho.2023.100532
Araiza-Alba, P. et al.(2021). Immersive virtual reality as a tool to learn problem-solving skills. *Computers & Education, 164*, 104121. https://doi.org/10.1016/j.compedu.2020.104121
Gungor, A. et al.(2022). The use of virtual reality in a chemistry lab and its impact on students' self-efficacy, interest, self-concept and laboratory anxiety. *Eurasia Journal of Mathematics, Science and Technology Education, 18*(3). https://doi.org/10.29333/ejmste/11814
Kuleto, V. et al.(2021). Extended reality in higher education, a responsible innovation approach for Generation Y and Generation Z. *Sustainability, 13*(21), 11814. https://doi.org/10.3390/su132111814
Lampropoulos, G.(2025). Combining artificial intelligence with augmented reality and virtual reality in education: Current trends and future perspectives. *Multimodal Technologies and Interaction, 9*(2), 11. https://doi.org/10.3390/mti9020011
Remolar, I. et al.(2021). Learning history using virtual and augmented reality. *Computers, 10*(11), 146. https://doi.org/10.3390/computers10110146
Schwaiger, M. et al.(2024). Educators' opinions about VR/AR/XR: An exploratory study. *Education and Information Technologies, 29*(18), pp.24861~24880. https://doi.org/10.1007/s10639-024-12808-7

07
메타버스

메타버스(Metaverse)는 가상의 공간에서 학습자가 아바타의 형태로 실시간으로 상호작용하며 학습을 수행할 수 있도록 하는 새로운 교육 환경이다. 다양한 메타버스 플랫폼은 기존의 교실 수업에서 확장하여 프로젝트 학습, 체험 기반 학습 등을 가능하게 한다. 물리적 한계를 넘어서는 몰입적 경험은 학습 흥미와 참여를 유도하며, 교수자의 수업 설계의 가능성에도 새로운 차원을 열어 준다. 이 장에서는 메타버스의 특징과 교육적 의의, 적용 가능성을 종합적으로 탐색한다.

AI와 애니메이션?

메타버스와 교육: 가상의 학습 공간

메타버스는 가상현실 기술을 기반으로 한 온라인 세계로, 이용자가 아바타를 통해 서로 상호작용하며 다양한 활동을 수행하는 공간을 말한다. 교육에서 메타버스는 단순히 가상의 공간을 탐험하는 차원을 넘어, 학습자가 공동체를 이루고 협력 학습을 전개할 수 있는 학습 환경으로 주목받고 있다(Zhang et al., 2022).

메타버스의 가장 큰 특징은 학습 공간이 무한히 확장된다는 점이다. 전통적인 교실은 물리적 제약을 받지만, 메타버스에서는 교수자가 원하는 대로 학습 공간을 설계할 수 있다. 예를 들어, 가상의 실험실에서 학습자는 물리적 제약 없이 실험을 수행하고, 역사 수업에서는 과거의 도시를 복원해 탐험할 수 있다. 이러한 경험은 학습자의 몰입을 강화하고, 추상적 개념을 구체적으로 이해하도록 돕는다.

교수자와 학습자의 상호작용도 메타버스에서는 새로운 방식으로 이루어진다. 아바타를 통해 토론하거나 협력 과제를 수행할 수 있고, 실시간 음성 · 채팅 기능을 통해 다양한 의사소통이 가능하다. 교수자는 학습자의 활동을 관찰하면서 즉각적으로 피드백을 제공할 수 있으며, 학습자는 놀이와 학습을 결합한 형태로 수업에 참여하게 된다. 이러한 상호작용은 학습자의 적극적인 참여와 협력적 문제 해결을 촉진한다.

메타버스는 학습자의 창의성을 신장시키는 도구로도 활용된다. 학습자는 가상공간을 자유롭게 설계하거나 아바타를 통해 자신을 표현하며, 프로젝트 기반 학습에서 다양한 창작 활동을 전개할 수 있다. 이를 통해 학습자는 단순한 지식 습득을 넘어 창의적 산출물을 제작하고, 동료와 협력하여 새로운 가치를 창출하는 경험을 쌓는다. 교육은 지식 전달을 넘어 창의적 실험과 협력의 장으로 확장된다.

다만, 메타버스는 기술 장비와 인터넷 환경에 따라 접근성이 달라진다는 점에서 한계가 있다. 또한 현실과 유사한 몰입적 환경이 학습자의 집중을 높이는 동시에, 오락적 요소로 인해 산만해질 위험도 존재한다. 따라서 메타버스를 교육에 효과적으로 활용하기 위해서는 교수자의 철저한 수업 설계와 학습 목표에 부합하는 활용 전략이 필요하다(Lin et al., 2022).

메타버스 활용 교육의 장단점

메타버스는 학습자의 참여와 몰입을 높이는 데 탁월한 효과를 보여 주지만, 동시에 교육 불평등을 심화시킬 수 있는 양면성을 지니고 있다. 가상의 공간은 학습자에게 새로운 학습 동기를 부여하고, 교실 수업에서 경험하기 어려운 상황을 체험하게 한다. 학습자는 아바타를 통해 자유롭게 표현하고, 실험이나 토론 활동에 몰입하며 자기 주도적 학습 역량을 키운다. 이는 기존 교실 환경에서 소극적이던 학습자에게도 적극적 참여 기회를 제공한다는 점에서 긍정적이다(Tlili et al., 2022).

메타버스 수업의 또 다른 강점은 학습자의 사회적 상호작용을 강화한다는 점이다. 학습자는 팀 프로젝트, 협력 과제, 모의 회의 등을 수행하면서 동료와 상호 협력하고 문제를 해결한다. 교수자는 실시간으로 이 과정을 관찰하며 개입하거나 피드백을 제공할 수 있어 학습의 질이 향상된다. 몰입감 있는 환경은 학습자 간 협력의 동기를 높이고, 공동체적 학습 문화를 형성한다(Bourguet et al., 2025).

그러나 메타버스의 장점 뒤에는 분명한 한계가 존재한다. 고성능 기기와 안정적인 네트워크가 없으면 몰입적 경험을 제공하기 어렵다. 장비 비용은 학교나 가정의 경제적 여건에 따라 접근성 차이를 만들고, 이는 곧 교육 불평등으로 이어진다. 또한 시각적 자극이 지나치게 강하면 학습자가 학습 목표보다 환경 자체에 몰두하게 되어 집중력을 해칠 위험이 있다.

개인정보 보호와 안전 문제도 중요한 쟁점이다. 메타버스 공간에서 학습자의 활동은 기록되고 저장되며, 때에 따라 외부와 연결될 수 있다. 이 과정에서 데이터 유출이나 부적절한 콘텐츠 노출 가능성이 존재한다. 따라서 교육용 메타버스는 학습자 보호를 위한 윤리적 · 제도적 장치가 반드시 마련되어야 한다(Kye et al., 2021).

결과적으로 메타버스는 참여와 몰입을 촉진하는 강력한 장점을 가지지만, 동시에 불평등과 안전 문제를 해결하지 못하면 교육적 효과가 제한적일 수 있다. 교수자는 기술적 제약과 윤리적 문제를 고려해 활용 전략을 세워야 하며, 제도적 지원과 정책적 노력이 함께 이루어질 때 비로소 메타버스는 교육 혁신의 도구로 자리 잡을 수 있다.

메타버스 교수 학습 도구 종류 및 활용

메타버스는 학습자에게 단순한 체험의 장을 제공하는 수준을 넘어, 협력과 공동 창작의 새로운 가능성을 열어준다. '마인크래프트(Minecraft)', '로블록스(Roblox)', 브이스토리(V-story)', '세컨드라이프(Sencond life)', '제페토(Zepeto)', '게더타운(Gather town)' 등으로 구현된 가상공간에서는 학습자가 아바타로 모여 프로젝트를 진행하거나 문제 해결 활동을 수행할 수 있다. 교실에서 시간과 공간의 제약으로 실현하기 어려운 협력 학습이 메타버스 환경에서는 보다 자유롭게 이루어진다.

메타버스의 가상공간은 학습자가 안전하게 다양한 시도를 할 수 있는 실험 환경을 제공하고, 협력을 통해 성과를 만들어 가는 경험을 강화한다. 학습자가 직접 가상의 전시관을 설계하고 작품을 전시하는 활동을 통해 개별 학습자가 제작한 산출물이 하나의 공동 프로젝트로 연결되며, 학습자는 협업을 통해 새로운 창작물을 완성한다. 이는 공동체적 성취감을 높이고, 창의적 협력 경험을 쌓는 기회로 작용한다.

이와 같은 협력 학습은 교수자의 역할을 새롭게 만든다. 교수자는 단순히 지식을 전달하는 사람이 아니라, 학습자가 협력 활동에 적극적으로 참여하도록 설계하고 조율하는 조력자가 된다. 메타버스는 학습자 간 상호작용을 증대시키는 동시에 교수자에게 협력 학습의 촉진자라는 새로운 역할을 부여한다(Radianti et al., 2020). 메타버스는 결국 교실을 넘어선 가상 학습 공간에서 학습자의 협력과 창의적 참여를 촉진하는 도구로 기능한다. 이를 통해 교육은 개인의 성취를 넘어 집단적 학습 경험을 확장하는 방향으로 발전할 수 있다.

메타버스 활용 수업 사례 및 학습 효과

메타버스의 교육적 가능성은 다양한 수업 설계 및 운영 방안을 통해 구체적으로 확인할 수 있다. 가상공간을 활용한 수업은 단순히 기술적 실험이 아니라, 교수자의 수업 설계와 학습자의 학습 참여 방식을 근본적으로 바꾸고 있다. 이러한 사례들은 메타버스가 교실 안팎에서 학습 경험을 어떻게 확장하는지를 잘 보여 준다.

역사 수업에서 학습자는 가상의 고대 도시를 재현하고 탐험하면서 역할극 형식의 학습을 진행할 수 있다. 각자 맡은 역할을 수행하며 정보를 공유하고, 서로의 시각을 교환하면서 학습 내용에 대한 이해를 넓혀 간다. 이 과정은 단순 지식 전달을 넘어 협력적 탐구와 토론을 통한 심화 학습으로 이어진다.

과학 교과에서는 가상의 실험실에서 협력 실험을 진행할 수 있다. 학습자는 서로 다른 기기를 조작하며 데이터를 수집하고, 결과를 분석해 토론한다. 교수자는 이 과정을 실시간으로 모니터링하면서 필요할 때 지도를 제공할 수 있다.

중학교 사회과 수업에서는 메타버스를 활용해 가상의

역사 체험 활동을 운영할 수 있다(최희수 · 김상헌, 2017). 그러한 학습 과정에서 학습자는 아바타를 통해 고대 도시를 직접 탐험하고 당시의 문화적 맥락과 역사적 사건을 능동적으로 재현함으로써 단순한 교과서 정보 습득을 넘어 역사적 맥락에 대한 구조적 상상력과 감정 이입, 그리고 비판적 역사 판단력을 직관적으로 기를 수 있다.

프로젝트 수업에서도 메타버스의 적극 활용이 가능하다. 특히, 해외 대학 협력 프로젝트 수업에서는 메타버스를 통합한 하이브리드 프로젝트 기반 학습 모델을 활용할 수 있다(Cheerapakorn et al., 2024). 가상의 캠퍼스를 무대로 팀별 프로젝트를 진행하고 교수자가 각 그룹 활동을 실시간으로 관찰하고 피드백을 제공하는 방식으로 설계하여 협력 증진 측면에서 높은 적합성을 보이며 오프라인의 협력 한계를 가상환경을 통해 실질적으로 확장할 수 있다.

마지막으로, 예술 교육에서는 학습자들이 VR 전시관을 직접 구축하고 자신의 작품을 전시한 뒤, 동료 학습자들이 작품에 주석을 다는 기능을 통해 서로의 작품을 비평하고 토론하는 과정을 진행할 수 있다(Zhang, 2024). 이에 더해 가상 큐레이터 가이드가 전시 공간을 안내하며 몰입감을 더할 수 있다.

이러한 사례들은 메타버스가 학습자와 교수자 모두에게 새로운 학습 환경을 제공한다는 사실을 보여 준다. 수업 운영 방식이 바뀌면서 교수자는 촉진자이자 설계자의 역할을 강화하고, 학습자는 몰입과 협력을 통해 학습 경험을 확장한다. 메타버스는 단순한 기술적 유행을 넘어, 실제 교육 현장에서 점차 중요한 학습 도구로 자리매김하고 있다.

참고문헌

최희수·김상헌(2017). "역사교육을 위한 메타버스 콘텐츠 연구". 《글로벌문화콘텐츠》, 26, 209~226쪽.

Bourguet, M. L. et al.(2025). Co-creating collaborative learning spaces in the metaverse to foster online teamwork and belonging. *Immersive Learning Research-Practitioner*, pp.7~11. https://doi.org/10.56198/tny3rz68

Cheerapakorn, P. et al.(2024). Hybrid project-based learning model on metaverse to enhance collaboration. *International Education Studies, 17*(6), pp.65~78. https://doi.org/10.5539/ies.v17n6p65

Kye, B. et al.(2021). Educational applications of metaverse: Possibilities and limitations. *Journal of Educational Evaluation for Health Professions, 18*, 32. https://doi.org/10.3352/jeehp.2021.18.32

Lin, H. et al.(2022). Metaverse in education: Vision,

opportunities, and challenges. *Proceedings of the 2022 IEEE International Conference on Big Data (Big Data)*, pp.2857~2866. IEEE. https://doi.org/10.1109/BigData55660.2022.10021004

Radianti, J. et al.(2020). A systematic review of immersive virtual reality applications for higher education: Design elements, lessons learned, and research agenda. *Computers & Education, 147*, 103778. https://doi.org/10.1016/j.compedu.2019.103778

Tlili, A. et al.(2022). Is metaverse in education a blessing or a curse: A combined content and bibliometric analysis. *Smart Learning Environments, 9*(1), pp.1~31. https://doi.org/10.1186/s40561-022-00205-x

Zhang, H.(2024). Prism XR—A curated exhibition experience in virtual reality with peer annotation features and virtual guides for art and archaeology classes. arXiv preprint arXiv:2407.09528. https://doi.org/10.48550/arXiv.2407.09528

Zhang, X. et al.(2022). The metaverse in education: Definition, framework, features, potential applications, challenges, and future research topics. *Frontiers in Psychology, 13*, 1016300. https://doi.org/10.3389/fpsyg.2022.1016300

08
자동 서술형 채점 시스템

자동 서술형 채점 시스템은 자연어 처리와 기계 학습을 기반으로 학습자의 글을 AI가 분석하고 즉각적인 피드백을 제공한다. 이를 통해 교수자의 평가 부담을 줄이고, 학습자의 글쓰기 능력을 반복적으로 개선할 기회를 제공한다. 이 장에서는 자동 서술형 채점 시스템의 작동 원리와 교육적 의의, 그리고 신뢰성과 공정성에 대하여 함께 논의한다.

AI와 인재 채용?

자동 서술형 채점 시스템이란?

자동 서술형 채점 시스템은 학습자가 작성한 글을 인공지능 알고리즘으로 분석해 평가하는 기술을 말한다. 기존의 객관식 채점은 기계적으로 가능했으나, 서술형 답안은 교수자의 주관적 판단이 필요해 자동화가 어렵다고 여겨졌다. 그러나 자연어 처리와 기계 학습 기법이 발전하면서 글의 구조, 문법, 어휘 사용, 논리 전개를 분석해 점수를 산출할 수 있게 되었다(Burrows et al., 2015).

이 시스템의 핵심은 방대한 학습 데이터를 기반으로 한 언어 모델이다. 수많은 학습자 답안과 전문가 채점 결과를 학습시켜, 인공지능이 유사한 패턴을 인식하고 평가 기준을 스스로 형성한다. 문장의 길이, 문법 오류 빈도, 어휘 다양성 같은 언어적 지표뿐 아니라, 논리적 전개와 주장 근거 제시 같은 의미적 요소도 분석 대상에 포함된다. 최근에는 딥러닝 기반 모델이 도입되어, 단순 표면적 특징이 아니라 글의 맥락과 의도를 파악하는 수준까지 도달하고 있다(Misgna et al., 2024).

자동 채점 시스템은 일반적으로 두 단계로 작동한다. 첫째, 텍스트 전처리 과정에서 불필요한 기호나 오류를 제거하고, 핵심 언어 요소를 추출한다. 둘째, 알고리즘이 이를 바탕으로 점수를 산출하거나 등급을 부여한다.

이 과정에서 교수자의 채점 기준이 반영된 학습 데이터가 중요한 역할을 한다. 따라서 시스템은 교수자의 전문성을 완전히 대체하기보다 그 기준을 반영해 확장하는 방식으로 기능한다.

글쓰기 평가 자동화는 교수자와 학습자 모두에게 이점을 제공한다. 교수자는 대량의 답안을 짧은 시간에 평가할 수 있어 업무 부담이 줄고, 학습자는 즉각적인 피드백을 받을 수 있다. 이는 글을 반복적으로 수정하고 개선하는 과정을 촉진한다. 즉, 자동 채점은 단순히 성적을 매기는 데 그치지 않고 학습 과정의 일부로 통합될 수 있다. 교실에서는 형성 평가로서의 가치가 특히 강조된다(Litman et al., 2022). 다만 자동 채점의 원리가 언제나 완벽하게 작동하는 것은 아니다. 글의 창의성, 독창적 아이디어, 은유적 표현 등은 여전히 기계가 제대로 평가하기 어렵다. 학습자의 개성과 사고의 깊이는 수치로 환산하기 어려운 영역이기 때문이다. 따라서 자동 서술형 채점 시스템은 객관성과 효율성을 제공하지만, 교수자의 정성적 평가와 보완적으로 활용될 때 교육적 의미가 커진다.

자동 서술형 채점 시스템 활용의 유의점

자동 서술형 채점 시스템은 짧은 시간 안에 대량의 답안을 처리할 수 있다는 큰 장점이 있다. 교수자가 수백 명의 학습자 답안을 일일이 읽고 평가하는 데 필요한 시간과 노력을 획기적으로 줄일 수 있기 때문이다. 학습자는 채점 결과와 함께 즉각적인 피드백을 받을 수 있어, 글을 반복적으로 수정하며 학습 효과를 높일 수 있다. 이러한 신속성은 교실 현장에서 형성 평가를 강화하고, 학습 과정 자체를 촉진하는 역할을 한다(Gierl et al., 2014).

시스템은 문법, 어휘, 문장 구조 같은 기초적인 언어 요소를 정밀하게 분석할 수 있다. 예컨대 문장의 길이, 구두점 사용, 어휘의 다양성 등은 객관적으로 계량화되어 점수 산출에 반영된다. 여기에 더해 기계 학습 기반 모델은 글의 조직 구조와 논리 전개 방식까지 평가할 수 있어, 단순 오류 검출을 넘어 글쓰기 전반을 진단하는 기능을 수행한다.

하지만 자동 채점의 신속성 뒤에는 신뢰성에 대한 우려도 공존한다. 기계는 언어적 창의성과 맥락적 의미를 완벽히 해석하기 어렵다. 학습자가 독창적 비유나 새로운 관점을 제시했을 때 시스템이 이를 긍정적으로 평가하지 못하거나, 오히려 불이익을 줄 가능성이 있다. 이는 기계 채점이 인간 채점의 질적 판단을 완전히 대체하기 어렵다는 사실을 보여 준다. 따라서 신속성과 신뢰성 사이의 균형이 중요하다(Singla et al., 2021). 또한 데이터 편향 문제도 지적된다. 시스템은 학습 데이터에 의존하기 때문에, 특정 언어적 패턴이나 사고방식을 가진 글을 선호할 수 있다. 이 경우 학습자의 다양한 표현 방식이 충분히 인정받지 못하고 획일적인 글쓰기가 강화될 위험이 있다. 교수자가 시스템 결과를 그대로 수용하기보다 비판적으로 검토해야 하는 이유가 여기에 있다.

자동 채점 시스템은 채점 과정의 객관성을 높이는 데 이바지하지만, 평가 기준이 지나치게 수치화되면 글쓰기 교육의 본래 목적이 약화될 수 있다. 학습자가 좋은 점수를 받기 위해 형식적인 규칙에만 맞추어 글을 작성한다면 창의성과 표현력이 저하될 수 있다. 따라서 자동 채점은 교수자의 전문적 판단과 결합해 보완적으로 활용되어야 한다. 결국 자동 서술형 채점 시스템을 활용하고자 할 때 교수자는 신속성과 신뢰성 사이에서 균형을 모색해야 한다. 시스템이 제공하는 속도와 객관성은 분명 가치 있지만, 인간의 판단이 개입될 때 비로소 교육적 효과가 극대화된다. 교수자와 기계의 협력이 이루어질 때, 자동 채점은 학습자에게 즉각적인 피드백과 공정한 평가라는 두 가지 목표를 동시에 달성할 수 있을 것이다.

자동 서술형 채점 시스템 방식과 특징

자동 서술형 채점 시스템은 평가 방식에 따라 여러 접근법으로 구분된다. 초기에는 듀크 대학교에서 개발된 '프로젝트 에세이 그레이드(Project Essay Grade, PEG)'에 적용된 것과 같은 규칙 기반(rule-based) 접근이 널리 쓰였다. 이 방식은 문법 오류, 철자, 문장 길이, 어휘 사용 빈도 등 계량화할 수 있는 지표를 사전에 정의하고, 학습자 답안을 그 규칙에 따라 점수화한다. 단순하고 빠르지만, 글의 의미나 창의적 표현을 반영하기 어렵다는 한계가 있다(Doewes & Pechenizkiy, 2021).

통계적 접근 방식은 규칙 기반의 단점을 보완하기 위해 등장했다. 이 방식은 대량의 학습자 답안과 교수자 채점 결과를 분석해 특정 언어적 특징이 점수와 어떤 상관을 가지는지 파악한다. 예컨대 어휘 다양성, 문장 복잡도, 문단 구조 등이 점수와 연관된 패턴으로 추출된다. 이를 통해 시스템은 개별 규칙을 일일이 설정하지 않고도 채점 기준을 자동으로 형성할 수 있다(Ramesh & Sanampudi, 2022).

최근 가장 주목받는 접근은 기계 학습과 딥러닝 기반 채점이다. 이 방식은 글의 표면적 특징을 넘어서 의미와 맥락을 학습한다. 교육부와 한국과학창의재단이 개발한

'와이(WA3I)' 등이 그 예시가 된다. 인공지능은 훈련 데이터를 바탕으로 글의 주제 일관성, 주장 전개, 논리적 연결 등을 평가하며, 서술형 답안의 질적 측면까지 분석한다. 자연어 처리 기술이 고도화되면서 학습자의 창의적 표현이나 복잡한 논리 전개도 일정 부분 평가가 가능해졌다. 이는 기존 규칙 기반이나 통계적 접근보다 유연하고 정확도가 높다(Tashu et al., 2022).

혼합형 접근도 활용된다. 규칙 기반의 객관성과 기계 학습의 정교함을 결합해, 기본적인 문법 오류는 규칙으로 판별하고, 고차원적 의미 분석은 기계 학습으로 수행한다. 이 방식은 두 접근의 장점을 살리면서 단점을 보완할 수 있어 실제 시스템에서 널리 적용되고 있다. '이티에스'의 '이-레이터'나 '피어슨'의 '인텔리전트 에세이 애세서(IEA)'는 이러한 혼합형 접근을 대표하는 사례다.

각 접근 방식은 장단점이 뚜렷하다. 규칙 기반은 단순하고 속도가 빠르지만, 창의적 답변에 취약하다. 통계적 접근은 객관성을 높이지만 데이터 편향 위험이 있고, 딥러닝 기반은 맥락 이해력이 높지만, 대량의 학습 데이터와 연산 자원이 필요하다. 따라서 교육 현장에서는 특정 접근을 단독으로 활용하기보다는 상황에 맞는 방식을 결합하는 것이 바람직하다. 이를 통해 자동 채점은 신속성과 신뢰성을 모두 확보할 수 있다.

자동 서술형 채점 시스템 활용 사례

자동 서술형 채점 시스템은 실제 글쓰기 교육 현장에서 다양한 방식으로 활용되고 있다. 미국의 대학 입학시험에서 에세이 자동 채점이 일부 도입된 이후, 교육 기관들은 학습 과정에 시스템을 적용해 학습자에게 즉각적인 피드백을 제공하고 있다. 예를 들어 ETS의 e-rater는 학습자가 작성한 글을 분석해 문법 오류와 어휘 사용을 진단하고, 개선 방향을 제시한다. 특히 GRE 시험 적용 사례에서는 e-rater를 포함한 모델이 본격적으로 운영되었으며, 인간 채점자와의 점수 일관성이 높은 수준(약 92%)으로 보고되었다(Breyer et al., 2014).

국내 일부 대학에서도 자동 서술형 채점 시스템을 글쓰기 교과목에 도입하여, 대규모 강좌 환경에서도 학습자 개개인에게 정교한 피드백을 제공하고 있다. 이러한 시스템은 문법 오류, 논리 전개의 미흡함, 어휘 사용상 오류 등을 자동으로 분석하여 피드백을 생성함으로써, 교수자의 세밀한 첨삭 부담을 크게 줄였다. 이는 교수자의 업무 경감을 가져오는 동시에, 학습자에게는 반복적 수정과 자기 주도적 글쓰기 학습이 가능하도록 지원 학습 환경을 조성했다는 점에서 긍정적인 평가를 받고 있다(정유남, 2024).

한편, 자동 채점 시스템을 활용한 대회나 경진 대회도 운영되고 있다. 학습자는 제한된 시간 안에 글을 작성하고, 시스템이 즉시 결과를 제공한다. 이를 통해 학습자는 자신의 약점을 실시간으로 확인하며 개선할 기회를 얻는다. 즉각적인 평가와 반복 학습은 학습자의 자신감을 높이고, 글쓰기에 대한 흥미를 촉진한다.

이러한 사례들은 자동 서술형 채점 시스템이 단순히 채점의 효율성을 높이는 도구가 아니라, 학습자의 성장을 지원하는 학습 파트너로 활용될 수 있음을 보여 준다. 교수자는 창의적이고 고차원적인 피드백에 집중하고, 시스템은 기초적이고 반복적인 평가를 담당함으로써 상호 보완적 관계를 형성한다. 이러한 협력 구조가 마련될 때 글쓰기 교육은 보다 정교하고 지속적인 학습 환경으로 발전할 수 있다.

참고문헌

정유남(2024). "대학 글쓰기 수업에서 학습자 인식 기반 피드백의 효용성 연구: AI 활용을 중심으로". 《교양교육연구》, 18(5), 159~173쪽. https://doi.org/10.46392/kjge.2024.18.5.159

Breyer, F. J. et al.(2014). A study of the use of the e-rater® scoring engine for the analytical writing measure of the GRE® revised General Test. *ETS Research Report Series, 2014*(2), pp.1~66. https://doi.org/10.1002/ets2.12022

Burrows, S. et al.(2015). The eras and trends of automatic short answer grading. *International Journal of Artificial Intelligence in Education, 25*(1), pp.60~117.

Doewes, A. & Pechenizkiy, M.(2021). On the limitations of human-computer agreement in automated essay scoring. *International Educational Data Mining Society.*

Gierl, M. J. et al.(2014). Automated essay scoring and the future of educational assessment in medical education. *Medical Education, 48*(10), pp.950~962.

Litman, D. et al.(2022). Advancing automated writing assessment and feedback for elementary students. RAND Corporation. https://coilink.org/20.500.12592/tkt3t1

Misgna, H. et al.(2024). A survey on deep learning-based automated essay scoring and feedback generation. *Artificial Intelligence Review, 58*(2), 36.

Ramesh, D. & Sanampudi, S. K.(2022). An automated essay scoring systems: A systematic literature review. *Artificial Intelligence Review, 55*(3), pp.2495~2527. https://doi.org/10.1007/s10462-021-10037-6

Singla, Y. K. et al.(2021). AES systems are both overstable and oversensitive: Explaining why and proposing defenses. arXiv preprint arXiv:2109.11728. https://arxiv.org/abs/2109.11728

Tashu, T. M. et al.(2022). Deep learning architecture for automatic essay scoring. arXiv preprint arXiv:2206.08232. https://arxiv.org/abs/2206.08232

09
생성형 AI 제작 도구

생성형 AI 제작 도구는 텍스트, 이미지, 음성 등 다양한 산출물을 AI가 생성해 주는 창의적 도구다. 이 분류에 속하는 다양한 AI 도구들은 학습자가 직접 실험하고 창작하며 학습이 이루어지는 메이커 교육에 활용될 수 있으며, 창의적 문제 해결을 가능하게 한다. 이 장에서는 도구별 특징과 실제 수업 적용 사례를 살펴보고 교육적 가능성과 과제를 정리한다.

AI와 기자?

생성형 AI 제작 도구를 활용한 메이커 교육

생성형 AI 제작 도구는 학습자가 텍스트, 이미지, 음성, 영상 등 다양한 형태의 산출물을 직접 만들어 내도록 지원하는 기술을 말한다. 단순히 기존 자료를 제공하는 데 그치지 않고, 학습자의 상상력을 구체적 결과물로 전환할 수 있게 돕는다는 점에서 교육적 의의가 크다. 학습자는 이러한 도구를 활용해 글쓰기, 그림, 음악, 시뮬레이션 제작 등 창의적 활동을 수행하며, 이는 전통적인 교실 수업에서 경험하기 어려운 학습 기회를 제공한다(Fan et al., 2025).

생성형 인공지능은 입력된 데이터를 분석해 새로운 결과물을 산출한다. 텍스트 기반의 경우, 학습자가 주제를 제시하면 관련 자료를 조합해 글을 생성하거나 아이디어를 제안한다. 이미지 생성형 인공지능은 학습자의 설명을 바탕으로 그림을 제작하고, 음악 생성형 도구는 간단한 입력만으로 새로운 멜로디를 만들어 낸다. 이러한 과정에서 학습자는 단순 소비자가 아니라 창작자로서 주체적 경험을 쌓는다(Wei et al., 2025).

이 도구들이 교육적으로 주목받는 이유는 학습자의 참여와 동기를 높인다는 점이다. 학습자가 직접 창작 활동에 몰입하면서 자기표현 능력을 기르게 되고, 결과물을 다른 학습자와 공유하면서 협력 학습으로 이어진다. 프로젝트 학습이나 메이커 교육에서 생성형 인공지능 도구는 창의적 산출물을 빠르게 제작할 수 있는 기반을 제공해 수업의 확장성을 높인다.

생성형 인공지능 도구는 학습 평가 방식에도 변화를 불러온다. 전통적으로는 산출물을 평가하기 위해 교수자가 많은 시간을 투입해야 했으나, 인공지능이 초안을 빠르게 생성해 학습자가 수정 · 보완하는 방식으로 수업이 운영되면 평가의 초점은 결과물보다 과정으로 이동한다. 교수자는 학습자의 사고 과정과 창의적 시도를 평가할 수 있으며, 학습자는 인공지능이 제공하는 초안을 비판적으로 수용하고 발전시키는 경험을 얻게 된다.

물론 생성형 인공지능 도구의 활용에는 비판적 시각도 필요하다. 인공지능이 만든 결과물은 때로는 부정확하거나 표절 논란을 일으킬 수 있고, 학습자가 기술에 과도하게 의존할 위험도 있다. 따라서 교수자는 단순히 결과물을 받아들이는 데 그치지 않고, 학습자가 도구의 한계를 이해하고 창의적 보완을 할 수 있도록 안내해야 한다(García-López & Trujillo-Liñán, 2025).

생성형 인공지능 제작 도구는 학습자에게 창의적 산출의 기회를 제공하면서, 교육을 지식 전달에서 창작과 탐구 중심으로 전환하는 기반을 마련한다. 학습자가 능동적으로 참여할 수 있는 새로운 학습 환경을 만드는 점에서 앞으로도 중요한 교육적 의미를 가질 것이다.

생성형 AI 제작 도구 활용 시 고려 사항

생성형 AI 제작 도구는 학습자의 창의적 활동을 돕는 강력한 도구이지만, 동시에 기술 의존이라는 위험을 동반한다. 긍정적인 측면에서 이 도구들은 학습자가 아이디어를 빠르게 구체화하도록 돕는다. 예를 들어, 학습자가 주제를 제시하면 인공지능은 관련 자료나 초안을 제공하고, 학습자는 이를 바탕으로 자신만의 산출물을 발전시킬 수 있다. 이는 사고를 촉발하고 학습 동기를 높이는 역할을 한다(Wang, 2025).

또한 생성형 인공지능은 학습자의 표현 범위를 넓힌다. 그림을 잘 그리지 못하는 학습자도 이미지 생성 도구를 활용해 자신의 아이디어를 시각화할 수 있고, 글쓰기에 어려움을 겪는 학습자는 텍스트 생성 도구를 통해 초안을 마련한 뒤 수정과 보완을 거쳐 완성도를 높일 수 있다. 이러한 과정은 학습자에게 새로운 자신감을 주고, 협력적 학습 활동에서도 산출물을 공유하는 기반이 된다.

그러나 장점 못지않게 의존 위험도 크다. 학습자가 인

공지능이 제시한 결과물을 그대로 수용할 경우, 비판적 사고와 창의성이 약화될 수 있다. 생성형 인공지능은 논리적 비약이나 부정확한 정보를 포함하기도 하는데, 이를 검토하지 않고 사용하면 학습 효과가 오히려 떨어질 수 있다. 따라서 교수자는 학습자가 인공지능의 산출물을 비판 없이 받아들이지 않도록 지도해야 한다.

또한 저작권과 표절 문제도 우려된다. 인공지능이 생성한 결과물이 기존 자료와 유사할 수 있으며, 학습자가 이를 자신의 산출물로 제출할 경우 윤리적 문제가 발생할 수 있다. 더불어 인공지능에 지나치게 의존하는 학습 태도는 학습자의 자기 주도 역량을 저해할 수 있다. 결국 생성형 AI 도구의 활용은 교수자의 지도와 학습자의 책임 있는 태도가 함께 요구된다(Yusuf et al., 2024). 학습자가 윤리적 이슈를 고려하면서 도구를 적절히 활용하고, 교수자는 교육적 맥락에서 적시적 활용 방안을 설계할 때, 생성형 AI가 학습자의 창의성과 문제 해결력을 키우는 유익한 동반자가 될 수 있다.

생성형 AI 제작 도구의 종류 및 활용

생성형 AI 제작 도구는 활용 영역이 매우 다양하다. 텍스트, 이미지, 음성, 영상 등 표현 매체 전반에 걸쳐 적용할 수 있으며, 교육 현장에서는 교과별 특성에 맞게 선택적으로 활용된다. 글쓰기 교육에서는 텍스트 생성 도구가 대표적으로 쓰인다. 학습자가 주제를 입력하면 인공지능이 초안을 제시하고, 학습자는 이를 토대로 내용을 확장하거나 수정한다. 이 과정은 학습자가 비판적으로 사고하며 글을 다듬도록 유도한다(Kim & Tan, 2023).

시각 예술 분야에서는 이미지 생성형 인공지능이 활용된다. '오토드로(Autodraw)' 같은 도구는 학습자의 간단한 스케치를 기반으로 정교한 이미지를 완성하고, '캔바(Canva)' 플랫폼은 디자인 초안을 빠르게 제작해 수업 프로젝트에 활용할 수 있게 한다. 이러한 도구는 학습자가 전문적 기술 없이도 시각적 표현 능력을 확장하도록 돕는다. 미술 수업뿐 아니라 사회, 과학 교과에서도 시각 자료 제작에 응용할 수 있어 교과 간 융합 학습의 기반이 된다(He & Zhang, 2025).

음악과 영상 제작도 생성형 인공지능 도구의 중요한 활용 영역이다. 간단한 멜로디나 주제를 입력하면 인공지능이 새로운 음악을 만들어 주고, 영상 제작 도구는 학습자가 기초 자료를 입력하면 짧은 영상 콘텐츠를 자동으로 편집해 준다. '페인트 위드 뮤직(Paint with Music)'은 인공지능을 활용해 그림을 음악으로 변환하도록 만든 프로그램으로, 이를 활용해 융복합적인 예술 활동을 구상할 수 있다. 학습자는 이를 활용해 프로젝트 발표 자료를 제작하거나, 수업 결과물을 창의적으로 표현할 수 있다.

프로그래밍 교육에서도 생성형 인공지능은 적극 활용된다. '구글(Google)'의 '티처블 머신(Teachable Machine)'은 사용자가 직접 이미지를 입력해 간단한 인공지능 모델을 학습시킬 수 있게 하여, 학습자가 기계 학습의 원리를 체험할 수 있도록 돕는다. '앱 인벤터(App Inventor)'나 '스크래치(Scratch)' 같은 블록형 프로그래밍 도구는 인공지능 기능과 결합해 학습자가 게임이나 애니메이션을 제작하면서 알고리즘적 사고를 기를 수 있게 한다.

이처럼 생성형 인공지능 도구는 교과 간 경계를 넘나들며 다양한 학습 활동을 가능하게 한다. 학습자는 글쓰기, 예술, 음악, 프로그래밍 등 여러 영역에서 창의적 산출물을 만들어 내고, 교수자는 이를 학습 평가와 수업 확장의 자료로 활용할 수 있다. 이러한 다방면의 활용은 생성형 인공지능이 단순한 보조 도구를 넘어 학습 전반을 혁신하는 기반임을 보여 준다.

생성형 AI 제작 도구 활용 메이커 교육 사례

생성형 AI 제작 도구는 메이커 교육과 창작 중심 수업에서 특히 활발히 활용되고 있다. 메이커 교육은 학습자가 스스로 설계 · 제작 · 공유하는 과정을 중시하는데, 인공지능 도구는 이러한 활동을 더욱 쉽게 실현할 수 있도록 돕는다. 학습자는 아이디어를 떠올린 뒤 인공지능을 활용해 시제품을 신속히 제작하고, 그 결과물을 다른 학습자와 공유하며 협력적 학습을 이어 간다.

실제로, 고등학습자를 대상으로 한 특정 수업에서는 학습자가 자신의 미래를 상상해 보는 프로젝트를 진행했다. 학습자는 인공지능 이미지 생성 도구를 활용해 자신의 미래의 꿈과 그것을 달성하기 위한 학습 목표를 탐색하였다. 이는 인공지능 도구가 학습자의 상상력을 가시화하는 역할을 하면서 탐구 활동의 깊이가 확장된 사례였다(Ali et al., 2024).

그래픽 디자인 수업에서는 '캔바'와 같은 디자인 도구를 창작 수업의 중심으로 활용할 수 있다(Alsuwaida, 2024). 이를 통해 의사소통, 기술 활용 능력, 자기 조절 능력 측면에서 긍정적인 학습 반응을 확인할 수 있으며 생성형 인공지능 도구의 효용성을 증명할 수 있다.

대학의 메이커 교육에서는 인공지능 기술을 접목한

창의적 프로젝트 수업이 시도되고 있다. 학습자는 이미지 인식이 가능한 인공지능 모델을 직접 제작하거나 이를 활용한 게임을 설계하면서, 문제 해결 중심의 창작 활동에 참여하였다. 특히 인공지능 도구는 학습자의 아이디어를 구체화하고 즉각적인 피드백을 제공함으로써 학습 과정의 몰입도를 높이는 데 기여하였다. 2024년의 한 연구에서는 이러한 AI 기반 메이커 교육이 학습자의 학습 동기, 자기 주도성, 정서적 반응, 학습 전이 능력에 긍정적인 영향을 미친다고 보고하였다(Ou & Chen, 2024). 해당 연구는 AI 기술이 단순한 도구를 넘어, 창의적 산출물 생성과 탐구 기반 학습을 확장하는 촉진자 역할을 수행할 수 있음을 실증적으로 보여 준다.

이처럼 생성형 AI 제작 도구는 교과 특성을 넘어 창작과 탐구 활동을 촉진하는 역할을 한다. 교수자에게는 학습자의 창의성과 문제 해결 능력을 평가할 수 있는 새로운 도구가 되고, 학습자에게는 자신만의 아이디어를 실현할 기회를 제공한다. 이러한 경험은 메이커 교육의 핵심 목표와도 맞닿아 있으며, 교육 현장에서 생성형 AI의 활용 가능성을 넓혀 준다.

참고문헌

Ali, S. et al.(2024). Constructing dreams using generative AI. *Proceedings of the AAAI Conference on Artificial Intelligence, 38*(21), pp.23268~23275.

Alsuwaida, N.(2024). Canva as web-based instructional tool: Use of learning technologies in graphic design projects of students with speech disorders. Authorea Preprints. https://doi.org/10.31124/advance.23260982.v1

Fan, L. et al.(2025). Educational impacts of generative artificial intelligence on learning and performance of engineering students in China. *Scientific Reports, 15*(1), 26521. https://doi.org/10.1038/s41598-025-06930-w

García-López, I. M. & Trujillo-Liñán, L.(2025). Ethical and regulatory challenges of generative AI in education: A systematic review. *Frontiers in Education, 10*, 1681252.

He, Y. & Zhang, S.(2025). Enhancing art creation through AI-based generative adversarial networks in educational auxiliary system. *Scientific Reports, 15*(1), 29202. https://doi.org/10.1038/s41598-025-14164-z

Kim, T. W. & Tan, Q.(2023). Repurposing text-generating AI into a thought-provoking writing tutor. arXiv preprint arXiv:2304.10543. https://arxiv.org/abs/2304.10543

Ou, Q. & Chen, X.(2024). Investigation and analysis of maker education curriculum from the perspective of artificial intelligence. *Scientific Reports, 14*(1), 1959. https://doi.org/10.1038/s41598-024-52302-1

Wang, N. C.(2025). Scaffolding creativity: Integrating generative AI tools and real-world experiences in business education.

Proceedings of the Extended Abstracts of the CHI Conference on Human Factors in Computing Systems, pp.1~9.

Wei, X. et al.(2025). The effects of generative AI on collaborative problem-solving and team creativity performance in digital story creation: An experimental study. *International Journal of Educational Technology in Higher Education, 22*(1), 23. https://doi.org/10.1186/s41239-025-00526-0

Yusuf, A. et al.(2024). Generative AI and the future of higher education: A threat to academic integrity or reformation? Evidence from multicultural perspectives. *International Journal of Educational Technology in Higher Education, 21*(1), 21. https://doi.org/10.1186/s41239-024-00453-6

10
AIED의 윤리적 이슈

인공지능 활용 교육은 혁신의 기회를 제공하지만 동시에 다양한 윤리적 과제를 동반한다. 무비판적 도입은 학습자의 권리를 침해하거나 교육의 공정성을 훼손할 수 있으며, 학습자가 기술에 지나치게 의존할 경우 자율성과 비판적 사고가 약화될 위험도 존재한다. 이 장에서는 인공지능 교육이 직면한 핵심 쟁점들을 정리하고, 안전하고 공정하며 지속 가능한 교육 환경을 위해 교수자와 학습자가 유념해야 할 원칙과 방향을 제시한다.

AI와 미래 의사?

개인정보 보호와 데이터 보안

인공지능 활용 교육(AI in Education, AIED)의 확산은 대규모 학습 데이터 활용을 전제로 한다. 학습자의 학습 과정, 답안 기록, 심지어 감정 상태까지 수집되는 경우도 있으며, 이는 곧 개인정보 보호와 보안 문제로 이어진다. 데이터가 제대로 관리되지 않으면 학습자의 민감한 정보가 유출되거나 상업적으로 악용될 수 있다.

교실에서 수집되는 데이터는 단순 학업 성취도뿐 아니라 학습 습관, 온라인 행동 패턴, 학습 속도 등 세밀한 정보까지 포함한다. 이는 학습 지원에 유용하지만, 동시에 학습자의 사생활을 침해할 가능성이 크다. 예컨대 학습자가 낮은 성취도를 보인 기록이 장기적으로 누적될 경우, 부정적 낙인으로 작용할 위험이 있다(Daley & Rappolt-Schlichtmann, 2018). 데이터 보안도 중요한 과제다. 시스템이 해킹되거나 관리 체계가 미흡할 경우, 학습자와 교수자의 정보가 외부에 노출될 수 있다. 특히 클라우드 기반 학습 플랫폼은 다수의 기관과 사용자가 동시에 접근하기 때문에 보안 위협이 더 크다. 따라서 데이터 암호화, 접근 권한 설정, 주기적 보안 점검 같은 체계적 장치가 마련되어야 한다(Lallie et al., 2023).

데이터 활용의 목적과 범위에 대한 명확한 동의 절차

도 요구된다. 학습자와 학부모가 어떤 데이터가 어떤 목적으로 활용되는지 충분히 인지하지 못한다면, 개인정보 보호 원칙에 어긋난다. 교육 기관은 데이터 수집과 활용 과정에서 투명성을 보장하고, 학습자와 보호자가 이해할 수 있는 언어로 설명해야 한다. 나아가 학습자의 동의 없이 상업적 연구나 기업 마케팅에 데이터가 활용되는 경우는 반드시 차단되어야 한다.

이 문제는 단순히 기술적 차원이 아니라, 교육의 신뢰와 직결된다. 학습자가 자신의 데이터가 안전하게 보호된다는 확신을 가질 때만 인공지능 기반 학습 환경에 적극적으로 참여할 수 있다. 반대로 불신이 확산되면 교육 혁신을 위한 기술 도입 자체가 저항에 부딪힐 수 있다. 개인정보 보호와 보안 문제를 해결하지 못한다면, 인공지능 활용 교육은 학습자의 권리를 위협하는 요소로 전락할 수 있다.

데이터 편향과 교육의 공정성

인공지능 활용 교육의 채점과 피드백은 모두 학습 데이터에 기반하기 때문에, 데이터 편향 문제가 발생하면 교육의 공정성이 흔들릴 수 있다. 인공지능이 학습한 데이터가 특정 지역, 계층, 문화적 배경을 과도하게 반영한다면 다른 환경의 학습자는 불리한 평가를 받을 수 있다. 이는 교육 기회의 평등을 저해하고, 학습자의 역량을 제대로 평가하지 못하는 결과를 낳는다.

편향은 다양한 형태로 나타난다. 예컨대 언어적 표현이 다양하게 수집되지 않으면 특정 문체를 사용하는 학습자가 불이익을 받을 수 있다. 또는 데이터에 특정 성별이나 지역 학습자의 사례가 과도하게 포함되어 있으면, 다른 집단 학습자의 답안은 낮은 점수를 받을 위험이 있다. 이는 학습자의 성취도를 평가하는 과정에서 부당한 차별을 초래할 수 있다(Litman et al., 2021).

데이터 편향은 학습 추천 시스템에서도 문제를 일으킨다. 인공지능이 학습자의 이력만을 근거로 진로를 제안한다면, 기존 성취 패턴에 따라 특정 학습자는 고급 과정에서 배제될 수 있다. 이는 개인의 잠재력을 제한하고, 사회적으로 교육 불평등을 심화시킬 수 있다. 편향된 알고리즘이 미래 교육 선택에 영향을 미친다면, 학습자의 자유로운 성장 기회가 줄어들 수밖에 없다. 이러한 한계를 이해하고 공정성을 보장하기 위해서는 편향 검증 절차와 투명한 알고리즘 공개가 필요하다. 데이터 수집 단계에서 다양한 배경을 가진 학습자를 포함하도록 설계해야 하며, 편향 여부를 지속적으로 모니터링해야 한다.

또한 학습 결과를 단일 점수로만 제시하지 않고, 다양한 지표를 함께 제공하면 평가의 공정성을 보완할 수 있다 (Baker & Hawn, 2022).

교수자의 역할도 중요하다. 인공지능이 제공하는 결과를 비판적으로 검토하고, 학습자의 실제 맥락을 고려해 해석할 수 있어야 한다. 교수자가 단순히 시스템이 내린 평가를 그대로 수용한다면 편향은 더욱 강화될 것이다. 따라서 인공지능은 교육적 판단을 돕는 참고 자료일 뿐, 최종 판단은 교수자가 내려야 한다.

인공지능 활용 교육이 진정으로 공정한 교육 환경을 제공하기 위해서는 데이터 편향을 최소화하고, 다양한 학습자의 배경을 존중하는 설계가 필요하다. 이는 기술적 개선뿐 아니라 제도적 장치와 교수자의 전문적 판단이 결합될 때 가능하다. 편향을 줄이는 노력이 뒷받침되어야 교육이 본래의 목적을 달성할 수 있다.

교수자 전문성과 학습 자율성의 위협

인공지능 활용 교육이 교육 현장에 확산되면서 교수자와 학습자의 역할이 변화하고 있다. 그러나 이 과정에서 교수자의 전문성과 학습자의 자율성이 약화될 수 있다는 우려가 제기된다. 인공지능이 수업 자료 제공, 학습 진단, 피드백을 빠르게 처리하면서 교수자가 단순 보조자나 관리자 역할로 축소될 위험이 있다. 이는 교수자가 오랫동안 축적해 온 교육적 경험과 전문적 판단을 가볍게 취급하게 만들 수 있다.

교수자의 전문성은 단순한 지식 전달을 넘어, 학습자의 사고 과정을 이해하고 정서적 지원을 제공하는 데 있다. 하지만 교수자가 인공지능의 분석 결과에 지나치게 의존하면 교육적 판단력이 약화되고, 결국 시스템이 지시하는 대로 수업을 운영하는 상황이 발생할 수 있다. 이는 교수자 전문성을 위협할 뿐 아니라, 교육 현장을 획일화된 방향으로 이끌 수 있다. 특히 교수자가 데이터 해석 능력을 충분히 갖추지 못한 상태라면 인공지능이 제시하는 결과를 비판 없이 수용할 위험이 크다.

학습자의 자율성도 위협받을 수 있다. 인공지능은 학습자의 수준을 분석해 적절한 자료와 문제를 제시하지만, 학습자가 스스로 탐구하고 선택하는 기회를 줄일 수 있다. 학습자가 시스템의 안내를 그대로 따르는 데 익숙해지면 비판적 사고와 자기 주도 학습 역량은 점차 약화된다. 즉각적인 피드백은 편리하지만, 학습자가 스스로 오류를 발견하고 수정하는 과정을 경험하지 못하면 장기적으로 학습 능력에 부정적 영향을 미칠 수 있다

(Chan & Tsi, 2023).

또한 학습자가 인공지능을 학습 파트너로 받아들일 때 정서적 상호작용의 부족도 문제로 지적된다. 교수자의 격려나 동료와의 협력에서 얻는 동기는 단순 정보 제공으로 대체될 수 없다. 인공지능에 과도하게 의존하면 학습자는 기술과의 상호작용에 익숙해지지만, 실제 협력적 학습 상황에서 필요한 소통 능력은 충분히 발달하지 못할 수 있다.

이 같은 위험을 줄이기 위해서는 교수자와 학습자 모두에게 균형 잡힌 활용 전략이 필요하다. 교수자는 인공지능이 제공하는 정보를 참고 자료로 활용하되, 교육적 판단의 주체로서 최종 결정을 내려야 한다. 학습자 역시 인공지능의 안내를 비판적으로 수용하며 자기 주도적 학습을 유지할 수 있도록 훈련되어야 한다. 제도적으로도 교수자 연수와 학습자 교육을 통해 이러한 균형을 확보하는 노력이 필요하다.

인공지능 활용 교육은 교수자와 학습자에게 새로운 기회를 제공하는 동시에, 전문성과 자율성을 위협할 가능성도 안고 있다. 따라서 기술을 도입할 때는 편리함만 강조할 것이 아니라, 교육 주체들의 역할을 보존하고 강화하는 방향으로 활용 방안을 설계해야 한다.

AIED를 위한 윤리적 기준과 과제

인공지능 활용 교육이 교육 현장에서 긍정적으로 활용되기 위해서는 명확한 윤리적 기준과 실천 과제가 마련되어야 한다. 기술적 발전이 빠르게 이루어지고 있는 상황에서, 윤리적 장치가 부재하면 개인정보 유출, 데이터 편향, 학습자 권리 침해와 같은 문제가 심화될 수 있다. 따라서 기술 도입 초기 단계부터 윤리적 고려가 병행되어야 한다(Paschal & Melly, 2023).

첫째, 데이터 관리의 투명성과 책임성이 확립되어야 한다. 어떤 데이터가 수집되고 어떤 목적으로 활용되는지 학습자와 보호자에게 명확히 알려야 하며, 동의 없는 활용은 차단되어야 한다. 기관과 기업은 데이터 보호를 최우선 원칙으로 삼고, 보안 규정을 준수하며 주기적인 검증 절차를 거쳐야 한다.

둘째, 공정성을 보장하는 장치가 필요하다. 인공지능 시스템은 학습자의 배경과 특성을 충분히 반영하도록 설계되어야 하며, 특정 집단에게 불리하게 작동하지 않도록 지속적인 편향 점검이 이루어져야 한다. 알고리즘의 작동 원리에 대한 기본적 설명과 외부 검증 과정이 투명하게 제공될 때 학습자는 시스템을 신뢰할 수 있다(Al-Zahrani, 2024).

셋째, 교수자와 학습자의 역량 강화를 위한 지원이 뒤따라야 한다. 인공지능이 제시하는 결과를 비판적으로 해석할 수 있는 교수자의 데이터 리터러시와, 인공지능의 산출물을 학습에 적절히 활용할 수 있는 학습자의 비판적 사고 능력이 필수적이다. 교육 당국은 교수자 연수와 학습자 교육 프로그램을 통해 이러한 역량을 강화해야 한다.

마지막으로, 제도적 차원에서 윤리 기준을 법제화하고 국제적 협력을 확대할 필요가 있다. 교육 환경은 국경을 넘어 연결되기 때문에, 국가 간 기준의 불일치는 새로운 불평등을 낳을 수 있다. 국제기구와 학술 단체가 공동으로 윤리적 지침을 마련하고 공유한다면, 인공지능 활용 교육의 활용은 더 안전하고 신뢰성 있게 이루어질 수 있다(Jobin et al., 2019).

인공지능 활용 교육의 미래는 기술의 수준만큼이나 윤리적 관리 능력에 달려 있다. 교수자, 학습자, 정책 입안자, 개발자가 모두 윤리적 책임을 공유할 때, 인공지능은 교육의 혁신을 뒷받침하는 동반자가 될 수 있다.

참고문헌

Al-Zahrani, A. M.(2024). Unveiling the shadows: Beyond the hype of AI in education. *Heliyon, 10*(9).

Baker, R. S. & Hawn, A.(2022). Algorithmic bias in education. *International Journal of Artificial Intelligence in Education, 32*(4), pp.1052~1092. https://doi.org/10.1007/s40593-021-00285-9

Chan, C. K. Y. & Tsi, L. H.(2023). The AI revolution in education: Will AI replace or assist teachers in higher education?. arXiv preprint arXiv:2305.01185. https://arxiv.org/abs/2305.01185

Daley, S. G. & Rappolt-Schlichtmann, G.(2018). Stigma consciousness among adolescents with learning disabilities: Considering individual experiences of being stereotyped. *Learning Disability Quarterly, 41*(4), pp.200~212. https://doi.org/10.1177/0731948718785565

Jobin, A. et al.(2019). The global landscape of AI ethics guidelines. *Nature Machine Intelligence, 1*(9), pp.389~399. https://doi.org/10.1038/s42256-019-0088-2

Lallie, H. S. et al.(2023). Understanding cyber threats against the universities, colleges, and schools. arXiv preprint arXiv:2307.07755. https://doi.org/10.48550/arXiv.2307.07755

Litman, D. et al.(2021). A fairness evaluation of automated methods for scoring text evidence usage in writing. *International Conference on Artificial Intelligence in Education*, pp.255~267. Springer International Publishing. https://doi.org/10.1007/978-3-030-78292-4_21

Paschal, M. J. & Melly, I. K.(2023). Ethical guidelines on the use of AI in education. *Creative AI tools and ethical implications in teaching and learning*, pp.230~245. IGI Global. https://doi.org/10.4018/979-8-3693-0205-7.ch013

김민지

서울대학교 학습과학연구소 선임연구원이다. 동대학교에서 교육공학 박사학위를 취득하고, 이후 기초교육원 온라인교육부와 학부대학 디지털교육혁신센터에서 연구교수를 역임하면서 AI 및 디지털 교육 혁신을 위한 교수학습방안에 관하여 연구하였다. 현재 교육부 AIEDAP(교원의 인공지능·디지털 역량 강화 지원 체제) 사업단 자문위원과 에듀테크소프트랩 사업단 수업컨설턴트로 활동하고 있다. 또한 서울대학교, 한국교원대학교, 서울교육대학교, 대구교육대학교, 광주교육대학교, 숙명여자대학교, 국립목포대학교 등에서 AI 융합 교육, 학습분석, 교수 설계에 대하여 가르치고 있다. AI를 활용하여 학습분석에 기반한 AI 융합 교수 설계에 관한 30편 이상의 논문을 SSCI 및 KCI 등재학술지에 게재하였다.